MÉMOIRE

SUR

LES FONDATIONS, LES OBITS

ET

LES SÉPULTURES

De la Cathédrale de Bayeux,

PAR

l'abbé J. LAFFETAY,

DOCTEUR ÈS-LETTRES, CHANOINE DE BAYEUX.

BAYEUX. — Typographie de St.-Ange DUVANT.

Novembre 1853.

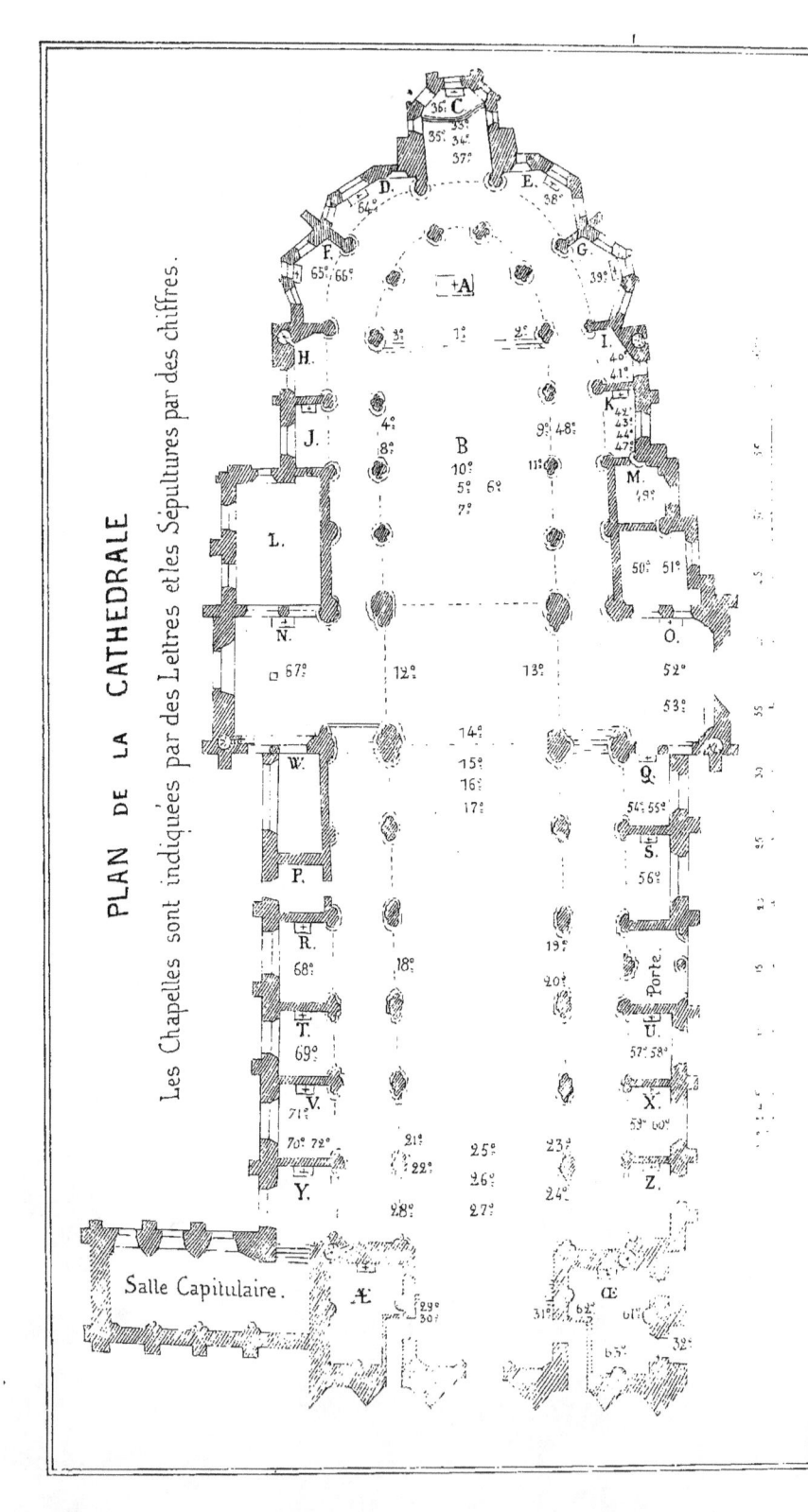

MÉMOIRE

SUR

LES FONDATIONS, LES OBITS

ET

LES SÉPULTURES

De la Cathédrale de Bayeux,

PAR

M. l'abbé J. LAFFETAY,

DOCTEUR ÈS-LETTRES, CHANOINE DE BAYEUX.

Lu en séance de la Section des Sciences, Arts et Belles-Lettres.

MESSIEURS,

Lorsqu'on pénètre dans l'enceinte funèbre où la dépouille du chrétien attend le réveil de l'immortalité, en dehors du sentiment religieux, qui force les plus indifférents, quelquefois même les plus sceptiques, à sonder le mystère de l'avenir, on ne contemple jamais sans émotion ces pieux monuments chargés par une main amie de soustraire à l'oubli, au moins pour quelques années, la mémoire de ceux qui ne sont plus. On s'arrête avec une sorte de curiosité respectueuse devant la tombe des hommes distingués qui ont laissé sur la terre des traces de leur passage; et si le chemin qu'ils ont parcouru est celui que l'on est appelé soi-même à parcourir, on voudrait interroger leur poussière, lui demander des inspirations et des conseils. Ce sentiment, Messieurs, est celui que me fit éprouver l'*Obituaire* de la Cathédrale la première fois qu'il s'offrit à mes regards. Je visitai respectueusement cette vaste nécropole où de simples prêtres, d'obscurs bourgeois, tant de notre cité que de la cité voisine, occupent une place d'honneur à côté des rois de la terre et des princes de l'Église ; où l'on rencontre entre un haut dignitaire du chapitre et le plus humble de ses officiers, tantôt un preux Chevalier, tantôt une noble Dame dont la descendance s'est perpétuée au milieu de nous. Toutefois, parmi tant de noms historiques dont plusieurs furent portés avec éclat, je distinguai surtout ceux des pontifes qui ont gouverné ce Diocèse, ceux de nos prédécesseurs qui ont enrichi la Cathédrale de leurs bienfaits, et sur la poussière desquels nous marchons à chaque instant. Jadis, chacun d'eux avait son anniversaire. Au jour marqué, la cloche qu'ils avaient eux-mêmes désignée, faisait entendre un son lugubre ; des cierges brûlaient dans différentes parties de l'Église ; le clergé allait chanter l'hymne des morts au lieu même de la sépulture, et, pendant la première leçon de matines, le nom du Fondateur était proclamé à haute voix par l'un des bâtonniers. Aujourd'hui, les Fondations ont disparu, et avec elles les solennités funèbres auxquelles elles étaient attachées ; c'est à peine si le temps a respecté le livre mortuaire où les unes avaient été consignées, les autres minutieusement décrites ; une seule chose est restée la prière. A la messe des féries, à celle des fêtes simples et semi-doubles, avant l'Oraison Dominicale, le chœur récite à genoux le *De profundis* pour le repos de l'âme des bienfaiteurs. On offre également pour eux, tous les dimanches, la messe capitulaire ; on chante à leur intention, quatre fois par an, une messe de *Requiem* ; et Dieu ; dans la pensée duquel les créatures les plus ignorées ont une place et un nom, se souvient de ceux de ses serviteurs que nous lui recommandons sans les connaître.

Le manuscrit où ils se pressent en si grand nombre est un petit *in-folio* de 118 feuillets en parchemin, généralement bien conservés. Il a pour titre :

LIBER OBITUUM ET FUNDATIONUM INSIGNIS ECCLESIÆ CATHEDRALIS BAJOCENSIS, EX ORDINE MENSIUM ET EBDOMADARUM ET DIERUM TOTIUS ANNI, PROUT SEQUITUR.

Il fut rédigé en 1586 par Pierre Le Bailly, un des six hauts vicaires de la Cathédrale, conformément aux ordres de M° Jean Duchâtel, qui cumulait alors les fonctions de trésorier et celles de fabriquier. Il ne faudrait pourtant pas en conclure que toutes les Fondations et tous les Obits consignés dans le nécrologe sont antérieurs à la fin du xvi° siècle. Il y a eu dans le xvii° siècle de nombreuses additions; mais comme elles sont en caractères modernes, on les reconnaît au premier coup-d'œil.

Comme on vient de le voir, le rédacteur de l'Obituaire distingue les *obits* des *fondations*. De plus, lorsque le fondateur a été inhumé dans la Cathédrale, il indique le lieu de sa *sépulture*. Pour mettre de l'ordre dans notre travail, nous allons établir la même distinction ; mais nous rapprocherons sous le même titre les Obits et les Fondations qu'il est impossible de séparer.

TITRE Ier.

OBITS ET FONDATIONS.

I. — DIFFÉRENCE ENTRE LES OBITS ET LES FONDATIONS.

Voici en quoi consiste cette différence :

1° Un Obit était un office et une messe funèbres que l'on célébrait tous les ans à jour fixe pour un individu ou une famille. Il y avait différents modes de fondation. Tantôt le fondateur affectait à son obit une rente hypothéquée sur un fonds de terre ; tantôt il payait au trésor une somme plus ou moins considérable. Dans les deux cas il était assez ordinaire que l'Obit commençât à être célébré de son vivant, pour les membres défunts de sa famille, et qu'après sa mort il fût transféré au jour de son décès. Au xive siècle l'Evêque Pierre de Venoix autorisa les chanoines à fonder des obits sur leurs maisons canoniales, pourvu que les réparations et augmentations qu'ils y feraient fussent équivalentes à leur fondation : plus tard cette faculté leur fut ôtée à cause des abus qu'elle introduisit. Enfin les Obits n'étaient pas toujours le résultat d'une Convention. Plusieurs grands personnages avaient mérité d'être inscrits au nécrologe par des bienfaits dont le chapitre avait voulu perpétuer le souvenir. On lit à la date du 10 mars : « *Obitus Henrici Regis Angliæ, in favorem privilegii de libertatibus Ecclesiæ per eum concessi.* » Je ne doute pas que le privilége dont il est ici question ne soit celui qui est exprimé dans une charte donnée par Henri 1er à Argentan, et que l'Angevin a transcrite à la fin de son cérémonial sous le titre suivant :

Carta Regis Henrici de libertatibus Canonicorum Bajocensium.

Cette charte est adressée à Jean, Evêque de Lisieux, ce qui permet d'en fixer l'époque, bien quelle ne soit pas datée. (¹) Le monarque y enjoint à tous les comtes et vicomtes de ses états, dans le territoire desquels les chanoines de Bayeux possèdent des propriétés, de leur en laisser la libre jouissance. Il veut que leurs biens soient à l'abri de toute espèce d'exactions, comme ils l'ont été du temps de son père, de son frère et de l'Evêque Odon. « *Præcipio quòd canonici prædicti teneant terras et præbendas et communitates et omnes res suas, ita benè et in pace et honorificè et quietè de omnibus querelis et occasionibus et placitis, et liberè ab omnibus exactionibus, sicut unquàm meliùs et honorificentiùs et quietiùs et liberiùs tenuerunt, tempore patris et fratris mei et Odonis Episcopi.* » La gracieuse protection du prince normand ne pouvait choisir de meilleurs modèles. On sait en effet que Guillaume ayant fait présent à l'Eglise de Bayeux de la terre du Plessis-Grimoult, l'Evêque son frère y fonda un monastère et sept prébendes canoniales. Aussi leur rendait-on à l'un et à l'autre les mêmes honneurs funèbres qu'au roi Henri Ier. L'obit du Conquérant était célébré le 12 septembre, et celui de l'Evêque Odon le 5 janvier qui était le jour de sa mort.

2° Les fondations proprement dites étaient de trois espèces : 1° Elles avaient pour objet des processions que le Chapitre était tenu de faire soit autour du chœur «*per circatam*», soit à un lieu désigné, la nef ou la chapelle Notre-Dame. De ce nombre était la procession fondée par Guillaume Chartier, Evêque de Paris, et dont l'obituaire rend compte en ces ter-

(¹) Jean gouvernait l'Eglise de Lisieux en 1107 ; il mourut en 1141.

mes. « *Dominicâ infra octavam Epiphaniæ, ex fundatione Guillelmi Quadrigarii quondàm Parisiensis Episcopi, hujus civitatis oriundi, cum vestibus ad papiliones per dictum D. Episcopum huic Ecclesiæ donatis, fit processio per circatam.* » On voit avec plaisir que dans son élévation, ce pontife n'avait oublié ni sa ville natale ni le Chapitre de Bayeux, dont il était membre en 1415. Les ornements dont il est ici question figurent dans l'Inventaire du trésor; voici de quelle manière ils y sont décrits. « Item, deux chapes de cramoisy vermailés, à papillons et florions de broderie et orfraiz de broderie à ymages, lesquels et lesdits papillons et florions autrefois avaient été couverts et enrichis de perles, et sont du don de feu Mgr Guillaume Le Chartier, évêque de Paris. » (¹)

2º Les Fondations avaient pour objet certaines prières que l'on ajoutait à l'office, à l'intention du fondateur. Par exemple, le jour où le Chapitre avait coutume d'aller en procession à l'église St-Malo (le lundi de la troisième semaine de carême), il y chantait le répons *Libera* pour le repos de l'âme de Guillaume Chartier, sur la tombe de sa famille; *Supra sepulturam parentum dicti Episcopi.* Cette fondation était un pieux hommage rendu par deux bourgeois de la cité à la mémoire de leur illustre compatriote (²).

3º Certaines solennités avaient été établies, ou du moins élevées à un degré supérieur, en vertu d'une Fondation. Le cérémonial de l'Angevin et le Bréviaire manuscrit de 1444 dis-

---

(¹) Il avait encore légué à la Cathédrale une somme de 100 écus d'or, dont l'obituaire fait mention à la date du 1ᵉʳ mai, jour auquel on célébrait son obit.

(²) Robert Malatour et un autre dont le nom est effacé. — A propos de cette fondation, l'abbé Beziers fait remarquer que le cœur du prélat fut rapporté à Bayeux et enterré dans l'église St-Malo, ainsi que l'attestait anciennement une inscription gravée sur une lame de cuivre contre l'autel de St-Sébastien.

tinguent trois degrés de solennité, indiqués par le nombre des chappes et le rang de ceux qui les portaient, de cette manière : les fêtes les plus solennelles étaient célébrées *cum quatuor cappis, de stallo altiori*; d'autres, *cum quatuor cappis; duæ de stallo altiori, duæ de secundá formá*; d'autres enfin *cum duabus cappis*. Ceci posé, prenons pour exemple la fête de la Conception ; on la célébrait dès le temps de l'Angevin, c'est-à-dire au XIIIe siècle, mais elle n'était que du second degré. Au XIVe siècle (1387) Gervais Chrétien, chancelier, la comprit au nombre de celles pour lesquelles il fonda une station dans la nef, lieu de sa sépulture. (¹) Au XVe siècle, Roland des Talents y ajouta une procession à la chapelle des Heuriers, qu'il avait restaurée en l'honneur de la Conception de la très sainte Vierge. Enfin au XVIe siècle (1528) Léon Conseil obtint que cette fête serait célébrée *cum quatuor cappis de stallo altiori*. L'abbé Beziers s'est donc trompé en attribuant à ce dernier *l'établissement* de la fête de la Conception. Ce n'est point la fête elle-même que Léon Conseil a fondée, mais le degré de solennité qui lui est propre.

Maintenant que nous avons fait connaissance avec l'Obituaire, nous allons entrer dans le détail des prescriptions qu'il contient. On peut les partager en deux séries. Les unes ont pour objet le CÉRÉMONIAL. Elles ont trait au luminaire— à la sonnerie— à la composition et au chant de l'office. Les autres ont pour objet la DÉPENSE; elles indiquent par quels moyens il y sera pourvu ; — elles fixent la somme qui devra être distribuée soit aux pauvres, soit aux membres présents, — les conditions qu'il faudra remplir pour avoir part à la distribution.

(¹) Cette station se fait encore le Samedi-Saint après les complies, la veille de la Pentecôte, de Noël et de la Toussaint après les premières vêpres ; on y chante comme au XIVe siècle l'*Inviolata*.

II.— PRESCRIPTIONS RELATIVES AU CÉRÉMONIAL.

1° LE LUMINAIRE.

Il affectait différentes formes, et s'étendait depuis le sanctuaire jusqu'à la nef, sans parler de certaines pièces mobiles que l'on y ajoutait accidentellement. Les instruments désignés dans l'obituaire sont au nombre de neuf.

1° La Poutre. Les cierges qu'on y allumait étaient au nombre de douze. M. Darcel, dans son travail sur le luminaire des églises, publié par les *Annales archéologiques*, dit que la poutre de Bayeux traversait le chœur de la cathédrale; cette assertion est en contradiction formelle avec les indications du Nécrologe. La Poutre était derrière le maître-autel, sous la petite Couronne de la Confrérie. « *Tenetur custos ponere sex cereos in trabe, retrò altare.*—folio 56. » Celle de Bourges, placée au même endroit, était supportée par une barre de fer. Ici, elle n'a laissé aucune trace dans la maçonnerie; peut-être s'appuyait-elle sur les travées du rond-point.

2° La Couronne de la Confrérie, appelée aussi **la petite Couronne**, mais qu'il ne faut pas confondre avec celle de la nef. ([1]) On lit à la date du 21 février : « *Debet accendi Corona Confrariæ desuper trabe; et en marge : habet parvam Coronam;* » donc 1° il y avait au-dessus de la Poutre une couronne de lumière, appelée indistinctement : *petite Couronne* ou *Couronne de la Confrérie* ([2]). Plus loin (folio 69) on

---

([1]) Elle changea de nom au XVIIe siècle; elle devint alors la grande Couronne; celle d'Odon ayant été enlevée par les protestants, et remplacée dans la nef par une autre beaucoup plus petite, comme on le verra tout-à-l'heure.

([2]) Je dirai plus tard de quelle Confrérie il est ici question.

voit que cette petite couronne était suspendue derrière l'autel, et qu'on y allumait quarante cierges aux six obits fondés par Mgr de Harcourt. *In parvâ Coronâ, retrò altare pendente, quadraginta cerei continuabuntur ;* donc 2° la Poutre placée au-dessous de cette Couronne était comme elle au fond du sanctuaire.

3° **Le Rateau.** Il y avait encore derrière l'autel un troisième luminaire appelé *Rastrum* ou *Rastellum.* L'Angevin ne parle que de onze cierges placés sur le Rateau; l'Obituaire suppose à chaque instant qu'on pouvait y en allumer douze. Anciennement, la liturgie défendait de placer plus de deux cierges sur l'autel : c'était à l'entour que se déployait le luminaire. Les douze candélabres que l'on voit aujourd'hui sur les gradins, rappellent par la place qu'ils occupent les douze cierges du Rateau, auxquels ils ont été substitués. On ne saurait préciser l'époque de cette transformation ; ce qui est certain, c'est qu'au xv⁰ siècle, il y avait à Bayeux des chandeliers non sur la table même de l'autel, mais sur ce qu'on appelait alors la table des ornements [1]. Nous retrouvons encore un souvenir du Rateau dans le Candélabre triangulaire sur lequel se dressent les neuf cierges que l'on éteint successivement pendant l'office des ténèbres, le jeudi, le vendredi et le samedi-saint.

4° **Les Angelots.** On donnait ce nom à six figures d'ange élevées sur six piliers rangés autour de l'autel, trois de chaque côté. Chacun de ces Angelots portait un candélabre. Il n'est pas question de ce luminaire dans le Cérémonial du xiii⁰ siècle, mais il est mentionné dans l'*Inventaire* de 1476, où nous lisons que les Angelots et leur support étaient *de fin cuivre.*

[1] La statue de la Vierge donnée par Mgʳ de Neufchatel, mort en 1498, était placée au milieu du maître-autel, *entre les chandeliers.*

5° **Le grand Candélabre**, donné par l'Evêque Guy, sur la pierre duquel on en voit encore le simulacre ; il était de cuivre doré. L'*Inventaire* le place «devant la janue du cueur», et un acte de fondation de la fin du XVIe siècle, un peu au-dessous de la porte du chœur, devant le siège épiscopal. Les enfants de chœur sont appelés dans l'Obituaire : Enfants du Candélabre — *pueri Candelabri* — sans doute parce qu'ils se tenaient à l'entour.

6° **Les Candélabres du chœur.** Il y en avait cinq de cuivre fin devant l'Aigle, et trois en fer au-dessus des portes latérales, *supra genas chori*. Aujourd'hui, les deux portes du chœur et les quatre grilles qui entourent le sanctuaire en avant du maître-autel, supportent cinq candélabres de hauteur inégale. On y allume des cierges à certaines solennités.

7. **La grande Couronne.** Elle avait été donnée à la Cathédrale par Odon de Conteville, frère de Guillaume-le-Conquérant ; voici la description que nous en a laissée l'Inventaire du trésor : « Item en la nef devant le crucifix, est une couronne ronde de grant circuite, pendante à une grosse chaine de fer, laquelle est très excellente et de grande estimation ; faitte de fin et chier métal, escripte toulte environ en metres, à lanternes haultes de diverses façons, et toulte dorée ; et au boult de bas de lad. chaine qui la porte a une grosse pomme de semblable matière et toulte dorée. »

D'après l'Angevin, la Couronne (il n'y en avait qu'une au XIIIe siècle), supportait quatre-vingt-seize petits cierges. «*Est quartum luminare quod vocatur Corona, in quâ semper octoginta et sexdecim parvi cerei accenduntur.*» Elle fut brisée en 1562 par les protestants. La requête présentée en 1563 aux commissaires du Roi, par l'Evêque et les chanoines de Bayeux, reproche aux sectaires, entre autres spoliations, d'avoir « abbatu une grande Couronne de cuivre doré, étant devant le crucifix, en laquelle il y avait une grande quantité de lames d'argent. » Sur ces lames d'argent étaient gravés quarante-neuf vers latins qui entouraient et surmontaient la Couronne. S'il faut en croire le poëte, ce beau travail représentait, sous une forme allégorique, la patrie des Anges, la céleste Jérusalem.

> Urbs ab Angelicis semper possessa colonis,
> Nomenque est Urbis : supernæ visio pacis.

On sait que *visio pacis* est la traduction du mot Jérusalem.

Tout fidèle doit contempler en esprit cette cité bienheureuse, et en conserver le souvenir dans son cœur.

> Hanc contemplari debet cujusque fidelis
> Mens, et in arcano memori recondere templo.

On ne doit en approcher qu'avec respect; les soupirs, les larmes, les œuvres expiatoires nous en ouvrent l'accès.

> Cujus ad accessum non est temerè properandum,
> Sed suspirando, flendo, commissa luendo.

C'est une pieuse et sainte entreprise que de combattre et de vaincre pour elle; un bonheur sans fin sera le prix du triomphe.

> Ejus amore pium bellari, vincere sanctum,
> Dulce triumphâre, atque sic sic sine fine beari.

Heureux qui veille les armes à la main pour une si noble cause; il soutiendra sans pâlir les regards du souverain juge.

> Hujus in excubiis qui sollicitè vigilabit,
> Regem judicii securâ mente videbit.

Ce but est celui où tendent les efforts et les prédications de tout pasteur des âmes.

> Hoc est quò tendit, quod pastor prædicat omnis;

Mais comme la bouche s'ouvre rarement, et que la vérité ne retentit pas toujours, on a cru devoir mettre sous les yeux du peuple un monument qui figurât la doctrine, et la rendit tout à la fois sensible et permanente.

> Sed quòd lingua sonat rarò doctrina que cessat,
> Quod canitur legitur, populo que rudi reseratur,
> Verborum que loco Signo sociatur in isto,
> Ut quod verba docent, exempla fidelia monstrent.
> *Cordis in aure situm patiens devotio plebis...* (¹)

C'est pour cela qu'à l'exemple de la véritable Jérusalem, le temple matériel est orné de couronnes.

> Urbis in exemplum decorant diademata templum.

La garde en est confiée aux vingt-quatre vieillards ;

> Horum custodes duodeni bis seniores.

Les tours (ou lanternes) sont les vertus, bâties sur le rocher de la foi et protégées par elle.

> Turres virtutes, fidei de rupe tenentes ;
> Illis est murus fidei fundamine nixus.

Au sommet brillent les Douze apôtres, et les Douze prophètes organes de l'ancienne loi, qui exhortent le peuple fidèle à précipiter sa course vers la cité sainte.

> Culmen, Apostolicum complens numerum duodenum,
> Atque Prophetarum totidem primordia legum
> Clamant assiduè : gens sancta, venite, venite;
> Currite, ne fiat tardata diù fuga vestra.

Celui qui obéit à leurs exhortations, aura comme eux droit de cité dans la céleste patrie.

> Horum concives, ipsorum jussa sequentes.

D'après ces données, il est facile de se représenter la disposition de la Couronne ; elle était formée de plusieurs cercles concentriques, superposés, et d'un diamètre inégal. Sur les 96 cierges que l'on y allumait, 12 figuraient les Apôtres,

(¹) *Hìc puto versum deficere*, dit l'auteur du manuscrit que nous traduisons. En effet, il est évident que ce vers était précédé ou suivi d'un autre que nous n'avons plus.

12 les Prophètes, 24 les Vieillards et 48 les Membres de l'Eglise militante.

Suit une peinture dramatique des dangers que ceux-ci ont à courir, des embûches que le démon sème sous leurs pas. Au moment où, marchant d'un pas ferme dans la voie des commandements divins, ils croient toucher au terme du voyage, l'ennemi vient à leur rencontre, il s'efforce de les ramener en arrière; et, s'ils tombent, leur chute lui cause des transports de joie :

> His ab spiritibus inimicis insidiatur ;
> Namque quis ut fiat civis dùm mente laborat,
> Atque ferè totum perfecit iter monitorum ,
> Sollicitè vigilant, curant ut ad ima reducant,
> Et de prostrato lætantur ab arce colono.

Dans la guerre qu'il fait aux chrétiens, l'esprit de ténèbres a les passions pour auxiliaires; il est le père de la cupidité, de l'envie et des procès.

> Horum namque dolo parturit cæca Cupido ,
> Invidiam causans, et judicialia jura.

Telle est l'origine de la lutte que la vertu soutient contre le vice, et dans laquelle le pauvre est souvent écrasé. La faveur s'attache au pas des hommes les plus pervers, quand ils ont en main la puissance. Dans la bouche du riche le mensonge prend les couleurs de la vérité, tandis que le pauvre, lors même qu'il dit la vérité, est soupçonné de mensonge.

> Ergo pugnatur vitii luctamine virtus ;
> Magnum namque malis favet aurea gratia summis,
> In quorum linguâ fiunt falsissima vera ;
> Verum si loquitur pauper, mendax reputatur ;
> B........us pauperum atque potentum.

Cette digression assez obscure en elle-même, et rendue plus obscure encore par la suppression d'un mot complétement effacé, donnerait à penser que l'auteur, victime de la calomnie, avait perdu quelque procès, et qu'il s'en vengeait à coups d'hémistiches Quoiqu'il en soit, il revient à son sujet, et le complète en nous montrant assis sur son trône le chef de l'Eglise, l'Agneau Roi, fils de la Vierge immaculée, et immolé pour le salut des hommes, lequel quoique inséparablement uni à son père, se fait ici bas la nourriture du chrétien.

> Sedit Rex Agnus, quem Virginis edidit alveus,
> Qui dum mactatur, mactatur enim, satiatur
> Corde fidelis homo, qui percipit esuriendo,
> Namque caro verus cibus est, sanguis quoque potus ;
> Et manducatur totus bibiturque, futurus
> Idem, semper idem, patre non divisus eodem.

Voilà, au jugement du poète, ce que signifient le cercle et les tours dont se composait la couronne.

> Circulus et turres, certum quid significantes,
> Judicio nostro nil signant certius isto.

Or la signification des tours et des candélabres nous a été donnée plus haut : c'est donc le cercle, symbole de l'infini, qui est ici l'image de la divinité.

> **IDEM**, semper idem, patre non divisus **EODEM**.

La conclusion est une prière. Le poète exprime le vœu que l'auteur d'un don aussi magnifique obtienne en récompense la palme des Élus.

> Munere pro tanto, venerandus Episcopus Odo
> Lætitiæ palmâ potiatur in arce supernâ.

Ces quarante-sept vers étaient gravés autour de la Couronne. Au-dessus on lisait : Paix et gloire aux habitants de la cité céleste ! que l'espérance renaisse sur la terre ; le Loup est vaincu par l'Agneau.

> Pax et honor vobis cœlestis civibus Urbis ;
> Spes redeat mundo, Lupus superatur ab Agno.

Nous devons la conservation de cette pièce vraiment curieuse, sous plus d'un rapport, à Henri Oresme frère de Nicolas

Oresme, évêque de Lisieux en 1377. Il la copia de sa main à la fin d'un des manuscrits du Chapitre (¹). Malheureusement il les trouva dans un désordre complet, qu'il impute à la maladresse d'un orfèvre chargé de nettoyer la Couronne ; l'arrangement qu'il propose laisse beaucoup à désirer. Sans avoir la prétention de reconstituer l'ordre primitif, j'ai cru qu'il était possible d'en approcher plus que ne l'avait fait Oresme. *Qui videt meliùs, corrigat et emendet*, dit celui-ci en terminant ; c'est aussi le conseil que je donne à ceux qui trouveront que je n'ai pas réussi : qu'ils en profitent, comme j'ai tâché d'en profiter moi-même. Avant de chercher la pensée de l'auteur, et d'en hasarder l'interprétation, il fallait d'abord lire la copie, et cette lecture présente aujourd'hui de grandes difficultés. Je n'aurais jamais eu le courage de les affronter, si la patiente sagacité de M. Lambert n'était venue en aide à mon inexpérience. La mesure nous a été d'un grand secours dans ce travail rebutant ; car il est à remarquer, que si l'auteur viole quelquefois les règles de la quantité, il ne s'écarte jamais du rhythme normal. L'abbé Beziers, au contraire, qui a copié ces vers dans un de ses manuscrits, n'a tenu compte ni des règles de la paléographie, ni du sens, ni de la mesure. C'est ainsi qu'il a lu : *secundum* pour *sanctum* ; *munimine* pour *luctamine* ; *inimicorum*, pour *monitorum* ; *firmus*, pour *nixus*, etc. Il y a très peu de vers qu'il n'ait estropiés, et, sous le rapport de l'arrangement, il n'a rien changé au texte d'Oresme, à peu près inintelligible.

Certaines fondations avaient pour objet spécial le luminaire de la Couronne. William Arundel, chanoine de Subles, s'était engagé à le fournir chaque année le jour de l'Epiphanie, à perpétuité. (Charte de 1213).

(¹) Celui qui contient la *Chronique* d'Eusèbe, de Sigebert de Gemblours, etc.

8° **La petite Couronne**. Si, en étudiant l'Obituaire, on ne portait son attention que sur les faits énoncés, sans tenir compte des dates qui les restreignent et les expliquent, on tomberait au sujet des *Couronnes* dans une erreur capitale. On croit tout d'abord distinguer trois Couronnes; l'une appelée indistinctement petite Couronne ou Couronne de la confrérie, laquelle, comme je l'ai dit, était suspendue derrière l'autel, au-dessus de la Poutre; la deuxième appelée également petite Couronne, et qui était suspendue dans la nef devant le crucifix; la troisième, appelée grande Couronne, et dont la place n'est pas indiquée. Pour prévenir toute espèce d'équivoque, remarquons d'abord qu'aucune de ces trois désignations ne peut s'appliquer à la grande Couronne présent de l'Evêque Odon. En effet, cette couronne fut détruite en 1562 par les protestans, le fait est positif; or, dans les actes de l'Obituaire antérieurs à cette époque, il n'est jamais question de la grande Couronne; il faut recourir au cérémonial de l'Angevin, pour savoir dans quelle circonstance on devait l'allumer. L'acte le plus ancien de notre nécrologe où la grande Couronne soit nommée, est la fondation de la fête de la Présentation de la très sainte Vierge, datée du 6 août 1621. Il y avait alors cinquante-neuf ans que la Couronne d'Odon n'existait plus.

La seconde remarque dont il faut bien se pénétrer, c'est que les actes dans lesquels il est question de la petite Couronne du sanctuaire, appelée Couronne de la confrérie, sont antérieurs à la fin du xvie siècle. A partir du xviie siècle, elle disparait de l'Obituaire. Cependant, il est certain qu'elle n'a pas été détruite par les protestans. Si elle avait eu le sort de la grande Couronne, la requête présentée aux commissaires du roi, l'année suivante, n'aurait pas manqué de la comprendre dans l'énumération des objets dont l'Evêque et le Chapitre déplorent la perte. De plus, l'Obituaire a été rédigé en 1586, vingt-quatre ans après la catastrophe ; si la Couronne du sanctuaire avait été détruite, il ne serait plus question du nombre des cierges qu'on doit y allumer. On conçoit bien que le Rédacteur continue de l'appeler la petite Couronne, quoique la grande n'existât plus, attendu que ce nom était celui par lequel il la trouvait désignée dans les actes qu'il était chargé de transcrire, ou de mettre en ordre ; mais on ne comprendrait pas qu'il fit mention du nombre des cierges qu'on devait y allumer, si elle avait été détruite depuis un quart de siècle.

Résumons : avant 1562 il y avait à la cathédrale deux Couronnes ; l'une suspendue dans la nef, l'autre placée au fond du sanctuaire. A la fin du xvie siècle, la grande Couronne de la nef n'existait plus ; celle du sanctuaire servait encore dans les cérémonies funèbres, notamment aux six obits fondés par Mgr de Harcourt ; —*in parvâ verò Coronâ, retrò altare pendenti, quadraginta (cerei)*, fol. 69.—Cependant, avons-nous dit, son nom disparait complétement de l'Obituaire, dans les actes du xviie siècle. Il y est bien question d'une petite Couronne ; mais cette couronne n'est pas celle de la Confrérie : d'abord elle est placée dans la nef, devant le crucifix, tandis que celle de la Confrérie était au-dessus de la Poutre ; en second lieu, elle ne comptait que vingt-cinq cierges, tandis qu'on pouvait en allumer au moins quarante sur celle du sanctuaire, comme le prouve le texte que nous venons de citer. Qu'était donc devenue cette dernière Couronne ? Je ne sais si je m'abuse, mais il me paraît évident qu'elle avait conservé sa place, en changeant de nom. En effet, dans plusieurs actes du xviie siècle, la petite Couronne, qui avait remplacé au haut de la nef celle de l'Evêque Odon, est opposée à une autre, appelée *major Corona*, sur laquelle on allumait quatre-vingt-six cierges, pendant la procession du jour de Pâques. La place de cette grande Couronne n'est point indiquée ; mais, vous penserez comme moi qu'elle était au fond du sanctuaire, pour peu que vous fassiez attention à l'ordre dans lequel l'extrait suivant du nécrologe décrit le luminaire, au milieu du xviie siècle. Il s'agit de la procession du jour de Pâques (1647). *Accendentur luminaria omnia; scilicet, in Majori Coronâ, octoginta sex cerei;—duodecim in Rastro, retrò majus altare;—sex in Angelotis ;—septem in magno Candelabro, inter chorum et altare; — quinque magni cerei in Candelabris chori, ante Aquilam;—et viginti quinque in parvâ Coronâ, quæ est in navi, ante crucifixum.* La Poutre ne se trouve point dans cette énumération, quoique, d'après le texte lui-même, le luminaire tout entier y soit compris—*omnia luminaria ;*—la Poutre avait donc été supprimée; on la trouve pour la dernière fois dans un acte daté du 29 décembre 1603. Maintenant, reprenons les détails de notre description, en suivant une marche inversement analogue à celle de l'Obituaire, et nous trouvons—au haut de la nef, la petite Couronne;—à l'entrée du chœur, les Candélabres du lutrin ;—au haut du chœur, le Candélabre à sept branches;—autour de l'autel, les Angelots; —derrière l'autel, le Râteau ;—il ne reste plus que la grande Couronne. Je demande si elle pouvait être placée ailleurs qu'au fond du sanctuaire; il est donc vraisemblable que cette Couronne était la même que celle de la Confrérie, qui aurait conservé sa place, en changeant de nom. Avant 1562, elle était la petite Couronne, parce qu'elle avait dix candélabres de moins que celle de la nef. Après la destruction de celle-ci, elle était devenue la plus grande, *major*, parce que celle de la nef avait été remplacée par un lustre, où l'on ne comptait que vingt-cinq candélabres (¹).

(¹) Il en reste encore quelque débris.

9° **Le Luminaire de la Confrérie**, ou **Carré**, différait sous plusieurs rapports des autres luminaires. 1° Il était portatif; on le plaçait près de la sépulture, quand elle se trouvait dans l'Eglise; quelquefois aussi devant le maître-autel, au milieu du chœur ou de la nef, pour des motifs que nous ignorons; 2° Excepté la Couronne d'Odon, réservée pour les fêtes solennelles (¹), les autres parties du luminaire servaient indistinctement dans les cérémonies funèbres et dans les autres solennités. Le luminaire de la Confrérie était exclusivement affecté à l'office des morts. Le plus souvent, il est le seul qui soit indiqué dans le programme des obits; quelquefois il y est associé à d'autres instruments, notamment à la Couronne du sanctuaire; enfin, dans des cas assez rares, il en est exclu, et cède la place à la Poutre et au Râteau, ou au Candélabre; on dirait que l'on a voulu épuiser toutes les combinaisons.

Le luminaire de la Confrérie portait différents noms; tantôt il est appelé *Luminare confrariæ pauperum*, et, par abréviation, *luminare pauperum*; tantôt, *Quadrata* ou *Quadraria*, parce qu'il avait la forme d'un parallélogramme, de manière à pouvoir encadrer un cénotaphe ou une pierre sépulcrale. Il me serait impossible de dire de combien de cierges se composait ce luminaire; on lit presque à chaque page du nécrologe : *Cum toto luminari confrariæ*, ou bien : *Habet totum luminare*; mais ce nombre total n'est jamais exprimé. Ce que nous savons, c'est qu'à certains obits on n'allumait que quatre cierges sur le **Carré**, un à chacun des angles de la sépulture, tandis que d'autres fondations avaient droit à vingt-quatre et même à trente-un cierges pris sur ce luminaire, qui en comptait probablement de trente-six à quarante.

(¹) V. le manuscrit de l'Angevin.

2° LA SONNERIE.

Au XIII° siècle, les cloches étaient suspendues dans deux tours, l'une située au-dessus du chœur, *supra chorum*, l'autre à l'extrémité de la nef, du côté du nord, *in turre altiori*. [1] Il semblerait, d'après l'Angevin, qu'il y avait quatre cloches dans la tour; deux plus grandes, appelées *Majores Ecclesiæ Campanæ*, et deux autres appelées moyennes; *duo medionelli*. Il en est de même pour le chœur; on y distingue aussi deux grandes et deux petites cloches. Il y avait différentes manières d'appeler les chanoines à l'office. Lorsque l'on mettait en branle toutes les cloches de l'Eglise, cette sonnerie s'appelait *tumultus* (grand bruit); on s'en servait pour Matines, aux fêtes solennelles; au passage des Princes, à l'arrivée des Evêques. Venaient ensuite les avertissements « *monitiones* »; on les donnait avec les cloches du chœur; ils étaient quelquefois au nombre de quatre. Enfin, un dernier signal, appelé *classicum* (trompette), était donné avec deux petites cloches, *pulsantur duæ parvulæ campanæ pro Classico*. C'était la plus petite de toutes les cloches « *minima* » qui sonnait les complies, et convoquait le Chapitre. On se servait pour le Couvrefeu « *ignitegium* » tantôt d'une seule cloche, tantôt des deux moyennes, quelquefois des deux bourdons, suivant le degré de la solennité. Aux obits solennels, on mettait en branle toutes les cloches de l'Eglise, et celles du chœur seulement, aux obits ordinaires.—Ces détails, quoique très-succincts, peuvent donner une idée de l'ancienne sonnerie, dans les combinaisons de laquelle il régnait une grande variété.

Au XVI° siècle, les cloches de la Cathédrale étaient au nombre de douze. La Requête déjà citée les signale comme ayant fait partie de l'immense butin qui fut la proie des Calvinistes.

[1] La tour du midi ne fut construite qu'au XV° siècle.

« D'avantage, viron le 28ᵉ jour de mars dernier, deux officiers de cette ville, à savoir, M. Guill. Le Hutrel, conseiller des tailles, et M. Nicolas Philippe, Grenetier, saisis pour lors des clefs de la dite Eglise, avec grand nombre d'autres personnes, rompirent dix cloches de la dite Eglise, du nombre de douze ; duquel nombre ils en ont laissé une moyenne, et la plus petite ; lesquelles cloches rompues étaient de telle grosseur et pesanteur, qu'il était requis avoir vingt-sept hommes pour les sonner, et ont été tant à rompre les dites cloches, descendre et vider les métaux de la dite Eglise, les porter et peser au poids le Roy, l'espace de quinze jours ; puis après, en ont disposé les dits officiers à leur plaisir. » La plus grosse des deux cloches conservées par les protestans s'appelait *Prime sans fête*, parce qu'elle sonnait Prime, les jours de simple férie. Elle portait l'inscription suivante :

>Ad Primam in feriis pulsor, Mariamosque saluto,
>Vespereque Mariæ nomen habere feror ;
>Quam, crebro sonitu fractam, tùm sic reparari
>Fecit Gaufridus Asselin, arte novà ,
>Cùm partes ageret fabricæ, à partuque referret
>Virgineo majus lustra trecenta novem.

On me sonne dans les féries pour annoncer Prime ; je salue les Clercs de Marie ; (¹) le soir, Marie est le nom dont on m'appelle. Un fréquent exercice m'avait brisée ; Godefroy Asselin m'a fait réparer par un procédé nouveau, tandis qu'il administrait les revenus de la fabrique ; plus de 309 lustres après la naissance de J.-C. En effet, on lisait un peu plus bas :

L'an M.Vᶜᶜ XLVIII
Pierre Le Fort me fit.

Il n'y a guères de pages dans notre obituaire où le nom de cette cloche ne soit répété. C'était ordinairement *Prime sans*

(¹) C'est-à-dire les Chapelains de l'autel Notre-Dame, qui étaient tenus d'y célébrer tous les jours une messe avant Prime.

fête que les fondateurs désignaient pour annoncer la cérémonie funèbre de leur obit. Cassée par accident le jour de Pâques 1744, refondue en 1749, elle reprit sa place dans la tour méridionale, sous les noms de *Paule Henriette Nicolasse,* qu'elle avait reçus de Mgr Paul d'Albert de Luynes, et de dame Henriette-Nicolasse d'Egmont Pignatelli, duchesse de Chevreuse.

Nous avons vu que, dès le xiiie siècle, il existait au-dessus du chœur une petite tour pouvant contenir plusieurs cloches. Au xve siècle, Mgr de Harcourt en fit bâtir une beaucoup plus solide qui fut couverte en plomb; son successeur, Charles de Neufchâtel, y plaça pour servir de timbre à l'horloge une énorme cloche, pesant 28,000 livres, que l'on entendait à deux lieues à la ronde. En 1568 « elle faillit par les anses », et resta quelque temps suspendue sur des poutres. Comme on redoutait de nouveaux accidents, le Chapitre résolut de la faire fondre. D'après Hermant, on en composa un beffroi, et un carillon qui chantait à toutes les heures l'Antienne *Regina Cœli*. Au contraire, d'après le manuscrit intitulé *Gassion*, ce seraient les deux *Tremondes* qui auraient été fondues en 1594, avec les débris de la cloche de Mgr de Neufchâtel, pour être placées dans la tour du Nord. La plus grosse, dit l'auteur, pesait de 17,000 à 18,000 livres. De plus, s'il faut en croire M. Potier, l'an 1597, le Chapitre fit fondre deux grosses cloches, l'une pesant 18,000 livres, l'autre 13,000, pour remplacer dans la tour du septentrion celles que les protestans avaient brisées. On préférera sans doute à l'autorité d'Hermant celle de M. Potier plus près des événements, et qui les rapporte de la même manière que l'autre Manuscrit, sauf une différence de date à peu près insignifiante. [1] Je dois

[1] Le Manuscrit de M. Potier est à la bibliothèque du Chapitre ; il a pour titre : *Recueil d'aucunes choses anticques de l'Eglize de Baïeux.*

cependant faire observer que les deux cloches fondues en 1594 ou 1597 ne sont pas les premières qui aient été appelées *Tremondes*. C'était le nom populaire de la cloche que l'on sonnait à l'obit du Roi Guillaume : *Debet pulsari campana dicta* Colas, *vulgò* La Tremonde ; or cette cloche existait déjà en 1586, car elle est nommée dans une des plus anciennes fondations du Nécrologe,—folio 69.—Le mot *Tremonde* qui n'est donné par aucun dictionnaire, me paraît être de la même famille que les mots *tremeur*, *tremer* et *tremebonde* usités dans la langue Romane; il est probable qu'il dérive comme eux du verbe latin *tremo* (trembler). Le poids considérable des cloches auxquelles on avait coutume de l'appliquer, la gravité des sons qu'elles envoyaient au loin, justifieraient assez bien cette étymologie ; peut-être aussi les sonnait-on en cas d'alarme. Du reste, il est assez difficile de se former une opinion sur ce point; car le mot *Tremonde* que l'on employait encore au xviiie siècle, a varié dans ses acceptions. Sonner la Tremonde , signifiait quelquefois, sonner les cloches à toute volée : *Campanæ omnes Ecclesiæ pulsentur*, *vulgò* La Tremonde,—folio 85.—Je ne saurais dire ce que sont devenues les deux Tremondes ; il règne à cet égard une grande confusion dans les manuscrits. Il paraîtrait cependant qu'elles ont été refondues au xviiie siècle.

A l'époque où l'abbé Beziers écrivait son histoire, la sonnerie se composait de huit cloches, sans compter les deux *moneaux*, ainsi nommés parce qu'ils donnaient le signal de l'office [1]. Ils étaient suspendus dans une petite tour couverte en plomb, de trois mètres carrés, située au milieu de la nef, et qui a été détruite à la Révolution. On peut voir dans la salle du Chapitre un tableau du xviie siècle, où cette tour est figurée, et qui donne une idée favorable de son élégance. S'il

[1] *Monere*, avertir.

faut en croire M. J.-B.-G. Delauney, qui a chanté la sonnerie de la Cathédrale dans son poëme sur Bayeux, elle était « la plus belle de toute la province. » Il se demande ce que sont devenus ces vingt-un clochers qui entouraient comme autant de « vassaux » les pyramides de « l'Edifice-Roi. »

> Ils ne sont plus ! Adieu leur confuse harmonie !
> Elle ne mêle plus dans l'oreille assourdie
> De leurs timbres aigus les bruyants carillons
> Aux sonores accents, majestueux bourdons,
> Dont l'accord solennel, ébranlant les nuages,
> Les chargeait au Très-Haut de porter nos hommages.

Un de « ces bronzes mouvants » qui inspirent au poëte de légitimes regrets avait eu pour parrain M. de Mortemart, colonel du régiment de Lorraine, et pour marraine, la marquise de Bezons. C'était la cloche nommée *la Mortuaire*, fondue en 1786, et baptisée le 20 du mois de mai 1787 par le haut doyen M. de Marguerie. Deux autres

> Ont pu survivre aux jours d'anarchie et d'effroi.

L'une sert de timbre à l'horloge. Voici son inscription : ANNO DOMINI 1727, PONTIFICATU (*sic*) BENEDICTI DECIMI TERTII, REGNANTE LUDOVICO DECIMO QUINTO, SEDENTE SERENISSIMO PRINCIPE FRANCISCO ARMANDO, EPISCOPO BAJOCENSI : DOMINO RADULPH, CANONICO DE DAMNOVOTO, FABRICIARIO ECCLESIÆ BAJOCENSIS, NOMINATA SUM CÆCILIA. L'autre, suspendue dans la tour septentrionale, est la plus grosse de la sonnerie actuelle ; l'inscription qu'elle porte est ainsi conçue : SERENISSIMUS PRINCEPS FRANCISCUS ARMANDUS A LOTHARINGIA, BAJOCENSIS EPISCOPUS, ME NOMINAVIT LUDOVICAM HIPPOLYTAM, SOCIA SERENISSIMA DOMINA, LUDOVICA HIPPOLYTA GRIMALDI DE MONACO, VALENTINENSI DUCISSA, UXORE POTENTISSIMI ILLUSTRISSIMIQUE DOMINI JACOBI FRANCISCI GRIMALDI, DOMINI DE MATIGNON, VALENTINENSIS DUCIS, FRANCIÆ PARIS ; NOBILI VIRO HIERONIMO DUFAUR DE PIBRAC

Decano, nobili viro Carolo Radulph, Canonico de Damnovoto, Fabriciario; Anno Domini 1727. Aujourd'hui la sonnerie se compose de six cloches, y compris le Bourdon, qui pèse environ 7,000 livres. Le poids des cinq autres varie de 2,000 à 500 livres.

3° LA LITURGIE.

Le fondateur d'un obit, d'une fête ou d'une procession ne manquait jamais d'en régler la Liturgie. Les chants funèbres demandés pour les obits sont presque toujours la prose *Dies iræ*, le *Libera*, le *Pie Jesu*, qui devait être chanté par deux enfants de chœur, comme il l'est encore aujourd'hui; les psaumes appelés, *animæ commendatio*. Quant aux processions et aux autres offices, le fondateur y faisait entrer des hymnes, des oraisons, des versets en rapport avec l'esprit de la solennité à laquelle il désirait attacher son nom, et il ne manquait jamais d'y ajouter quelques prières tirées de l'office des morts, ce qui contrarie singulièrement nos idées actuelles. Ainsi, par exemple, à la procession fondée par Guillaume Chartier, qui avait lieu le dimanche dans l'octave de l'Epiphanie, la station se faisait aux Fonts, pour rappeler le baptême de Notre-Seigneur, et le sujet du répons que l'on y chantait (*In columbæ speciem*) était tiré de la circonstance; mais ce répons était suivi du *De profundis*, de l'oraison pour les Pontifes défunts et du *Requiescat in pace*.

Nous trouvons encore le *De profundis* à la procession de l'octave du St-Sacrement, fondée en 1504, et le *Requiescat in pace*, à celle du jour de Pâques, fondée en 1647. Cette dernière formule accompagnait toujours la distribution manuelle faite par le Marqueur à chacun des membres présents, quel que fût l'objet de la fondation (¹). Le jour de Pâques, elle se trouve intercalée entre les strophes de l'*O filii* et les versets du psaume *Laudate pueri Dominum*. Le jour de Noël, elle était associée à une autre formule qui s'adaptait beaucoup mieux à la circonstance. En faisant sa distribution, le Marqueur devait dire à chacun des assistants : *Virgo peperit salvatorem* ; à quoi il était répondu : *Deo gratias* (²). Cette fondation remonte à l'an 1542. L'auteur a voulu rester inconnu. « *Ex fundatione pii et devoti canonici Bajocensis, nomen suum non hic, sed in libro vitæ cœlestis, per magnam Dei nostri misericordiam, et Deiparæ Virginis intercessionem ascribi curantis.* » Le jour de la Toussaint, à l'office des morts, le répons de la procession (*Congregati*) est commencé par le Doyen et non par le Chantre. Pour peu qu'on soit au courant des usages de la Cathédrale, on a pu remarquer avec surprise ce déplacement d'attributions ; l'Obituaire va nous l'expliquer. La procession dont il s'agit a été fondée en 1603 par Jacques de La Moricière, Haut-Doyen, et Jean Potier, Trésorier du chapitre. Or, entre autres dispositions, les fondateurs avaient stipulé que le répons *Congregati* et le répons *Libera* seraient commencés l'un et l'autre par le Doyen et, en son absence par le Trésorier ; qu'en l'absence du Trésorier et du Doyen, l'intonation reviendrait au Chantre ou au sous-Chantre, à moins qu'ils n'aimassent mieux s'en décharger sur un autre. Ce n'est pas seulement sous ce rapport que cette imposante cérémonie a conservé son caractère primitif ; on y chante encore le *Congregati*, le *Libera*, le *Dies iræ* et le

---

(¹) Aux quatre messes de *Requiem* qui représentent les anciens obits, on chante encore aujourd'hui le *Requiescat in pace* après l'offertoire. C'est le Chantre, ou en son absence le plus ancien du chœur qui remplit cette fonction.

(²) Il s'est conservé jusqu'à nos jours des traces de cette coutume ; ce sont les choristes qui remplissent l'office du Marqueur.

De profundis, qui est psalmodié en contre-point. Chaque verset du *Libera* est chanté par deux Dignitaires ou deux Chanoines, *Juxta eorum gradum,* comme le prescrit l'Obituaire. Enfin tous les membres du clergé et les officiers du chœur reçoivent au moment de la procession un cierge allumé. Autrefois la grosseur du cierge était proportionnée au rang du destinataire, et ce qui n'avait pas été brûlé pendant l'office, était abandonné à chacun pour son usage personnel, *in usus proprios.*

III.—PRESCRIPTIONS RELATIVES A LA DÉPENSE.

La dépense des Obits et Fondations était supportée soit par le Chapitre — *expensis communiæ*, — soit par la Confrérie des pauvres — *expensis Confrariæ.*

1° Nous avons déjà parlé de *la Confrérie* à l'occasion des deux parties du luminaire auxquelles elle avait attaché son nom, — le Carré, — et la Couronne suspendue au-dessus de la Poutre, derrière le maître-autel.—Indépendamment de son propre luminaire, la Confrérie dont il est ici question était tenue d'allumer dans certains cas la Poutre, le Râteau, les Angelots, le grand Candélabre, et même les petits Candélabres placés sur les portes du chœur (obit du 15 mai). Cette Confrérie avait été fondée dans la chapelle Notre-Dame par l'Evêque Henri II et par le Chapitre. L'abbé Beziers dit que les deux chartes publiées à cet effet étaient sans date, et se trouvaient au commencement du Cartulaire de la Chapelle. La première, celle de l'Evêque, accordait des indulgences à toute personne de la ville et du Diocèse qui contribuerait par ses aumônes à l'entretien du Luminaire de la Confrérie, et à la nourriture des douze chapelains, fondés pour la desservir. La seconde, donnée par Richard, Doyen, Henri, Chantre, et Jean, Trésorier de la Cathédrale, fondait une rente de 40 sols en faveur des chapelains. Hermant fait remonter cette fondation à l'an 1170. Il est évidemment dans l'erreur, car, à cette époque, les fonctions de doyen étaient remplies par Guillaume de Tournebu. Richard de Bohon (¹), Doyen de notre Chapitre en 1144, avait été nommé Evêque de Coutances en 1150; et Richard de St-Amand ne prit possession du Doyenné qu'après l'an 1200. Or, la concordance des dates prouve que c'est le second de ces deux personnages qui fonda de concert avec l'Evêque Henri II les Chapelains de Notre-Dame; la fondation de la chapelle doit donc être reportée au commencement du XIII° siècle. La Confrérie de N.-D. recrutait ses membres dans toute la ville et jusque dans la banlieue; les Chapelains avaient été autorisés par l'Evêque fondateur à faire une quête annuelle dans tout le diocèse, pour l'entretien de leur luminaire; mais comme cette quête était préjudiciable aux intérêts de la Fabrique, qui faisait également quêter à son profit, le Chapitre transigea avec les Chapelains, et ceux-ci renoncèrent aux aumônes qu'ils avaient coutume de recueillir, moyennant une rente de 10 livres tournois, prise sur les biens de la Fabrique. Ces détails sont consignés dans une charte de 1283, dont ils ne sont en quelque sorte que la traduction. Les chapelains de Notre-Dame avaient été établis avec l'obligation de célébrer tous les jours une messe avant Prime, en l'honneur de la Sainte-Vierge, dont l'autel s'appelait à cause de cela l'autel de Prime; de là cette salutation que la cloche de Prime adressait aux Clercs de Notre-Dame.

Ad Primam in feriis pulsor, Mariamosque saluto.

Un mémoire du XVI° siècle, qui traite des fondations attachées à chacun des autels de la Cathédrale, dit en parlant de l'autel de Prime : « à cet autel plusieurs belles fondations ont été faictes ; y a tous les jours messe ordinaire nommée la

---

(¹) Beziers écrit *Bohon*, et Hermant, *Rohon* ou *Rhoan*.

messe matinale ; — plus tous les jours, y a quatre messes ordinaires, qui sont les messes de la *Confrairie des pauvres* fondées audit autel, lesquelles ne se doivent célébrer que par les prêtres habitués et chapelains de céans. »

La Confrérie de Notre-Dame était donc la même que la *Confrérie des pauvres*, dont il est fait mention à toutes les pages de l'Obituaire. D'où lui venait cette seconde désignation? Pourquoi son luminaire est-il appelé *le Luminaire des pauvres* ? C'est ce que n'explique aucun de nos manuscrits.

2° Lorsque la dépense était à la charge du Chapitre elle était prise sur les revenus de la communauté, et payée par l'administrateur de ces revenus —*Communiarius,* — qu'il ne faut confondre ni avec le Fabricier, ni avec le Trésorier de la Cathédrale. Le Trésorier, un des quatre grands dignitaires, était chargé de veiller à la garde du trésor, c'est-à-dire, des reliques, des ornements et des vases sacrés. Le Fabricier ou marguillier administrait les revenus de l'Eglise, distincts, comme ils le sont encore aujourd'hui, des revenus capitulaires. Le Prévôt —*Communiarius,*—administrait le fonds commun, et en acquittait les charges. La somme qu'il était tenu de payer à l'occasion de chaque anniversaire, était ordinairement partagée entre le grand Couteur (*Custos*), le Fabricier (*Fabricarius*) et le Marqueur (*Signator*).

1° Le grand Couteur (*Custos*) était tenu de fournir à ses frais (*Ministrare de suo*), le pain et le vin du St-Sacrifice ; l'encens, les charbons et les cierges; d'orner l'autel, de sonner ou de faire sonner les cloches; pour l'indemniser de ces dépenses, on lui allouait une somme fixe sur le revenu de chaque fondation ; mais le Donateur avait soin de préciser en détail le nombre, le poids et la qualité des cierges, le temps durant lequel ils devaient rester allumés. Ainsi, par exemple, à la procession du jour de Pâques, fondée en 1647, par Antoine de Caenchy, Chanoine de Goupillières, et Pierre Bernier, Chanoine de Castillon, le Couteur était tenu de présenter à l'Evêque un cierge blanc tordu ; vulgairement un Torchet *(sic)* d'un quart de livre ; au célébrant, un cierge jaune de même poids ; aux dignitaires, aux chanoines, aux vicaires du grand autel, une chandelle de deux onces ; aux chapelains, aux petits vicaires et aux habitués, une chandelle d'une once ; enfin aux enfants de chœur et aux musiciens, une chandelle d'un pied de long. Les fondateurs de la procession de la Toussaint, procèdent de la même manière, et même ils poussent plus loin leurs recommandations, « *Custos suis sumptibus et impensis distribuere faciet singulis... præfatæ processioni præsentibus unam candelam ceræ novæ et bonæ, etc.* »

Le Couteur avait rang dans le Chapitre après les douze dignitaires ; mais l'Angevin fait observer, avec raison, que sa charge était plutôt une servitude qu'une dignité, « *plus in eâ invenietur servitutis quam honoris vel libertatis.* » Pour toute rémunération, il lui était permis de recueillir les oblations du maitre-autel et de quelques chapelles, pourvu toutefois qu'elles ne fussent ni en or, ni en argent, ni en soieries.

2º Dès l'an 1626, le Chapitre entreprit d'éteindre cette dignité, et d'en réunir les revenus à la fabrique. Le Pape rejeta la supplique, et le décret de suppression ne fut rendu qu'au mois de juin 1751. Néanmoins, il résulte d'un acte de fondation, daté de 1654, qu'à cette époque, le Fabricier avait succédé au Couteur dans la charge de fournir le luminaire, de sonner les cloches, et de nettoyer l'Eglise. Dans plusieurs fondations de date plus récente, on voit reparaitre le nom du Couteur ; mais c'est librement qu'il s'engage à faire ce qu'étaient obligés de faire ses prédécesseurs. « *Accessit consensus magni Custodis.* » Dans le temps même où les attributions du Couteur et celles du Fabricier étaient entièrement distinctes, celui-ci fournissait quelquefois des cierges et des tapis, et percevait au nom de la Fabrique une somme qui variait depuis 20 jusqu'à 60 sols. Les anniversaires fondés par Mg^r de Harcourt, étaient les seuls pour lesquels la Fabrique fût obligée de fournir le luminaire, et de faire sonner les cloches à ses frais. « *In aliqualem recognitionem magnificorum donorum per Reverendissimum Patrem, ad decorem Ecclesiæ, et dictæ fabricæ subsidium hactenùs præstitorum.* »

3º Enfin, une partie de la somme affectée à chaque obit ou fondation était remise aux mains du Marqueur, et distribuée par lui aux membres présents ; l'excédent, joint aux retenues qui provenaient des absences, faisait retour au fonds commun : « *Quod supererit, ad usum Communiæ deputabitur.* »

Les Marqueurs (*Chori signatores*), étaient les Chapelains chargés de distribuer sur place (*præ manibus*) aux membres présents la part qui leur était assignée par le tarif de chaque fondation, et de constater les absences. L'Obituaire, au moins à une certaine époque, suppose qu'il y avait deux Marqueurs ; un pour le Grand-Chœur (*Signator magni Chori*), l'autre, pour le Bas-Chœur (*Signator parvi Chori*).

Le Grand-Chœur, qu'il ne faut pas confondre avec le Chapitre, se composait des Dignitaires, des Chanoines et des six Grands-Vicaires, lesquels, attachés au service du maître-autel, siégeaient dans les hautes formes. Le Bas-Chœur comprenait les 6 Petits-Vicaires ou Heuriers [1], 55 Chapelains, 2 Cha-

---

[1] Le nombre des Chantres a beaucoup varié ; il y en avait huit au xive siècle, et vingt-quatre au xve ; savoir : six Grands-Vicaires, six Petits-Vicaires et douze Heuriers. Au xviiie siècle, le nombre en avait été réduit à douze. Les six premiers, s'appelaient Hauts-Vicaires, et les six autres, Petits-Vicaires ou Heuriers.

piers, 2 Sacristains prêtres, 2 Diacres et 2 sous-Diacres d'office, 1 Acolythe, 8 Enfants de chœur, plusieurs Musiciens, 1 Maître de musique, et les Habitués.

Voici maintenant de quelle manière les sommes affectées à chaque fondation, étaient réparties entre les Dignitaires, les Chanoines et les Officiers. Je prends pour exemple la procession de la Toussaint : elle avait été fondée moyennant une somme de 770 livres, convertie en une rente annuelle de 55 livres tournois, qui se décomposait ainsi :

	l.	s.	d.
Au Couteur, pour ses frais.	15	» »	» »
Au Grand-Chœur	14	» »	» »
Aux Grands-Vicaires, outre la portion qui leur revenait comme membres du Grand-Chœur.	» »	15	» »
Au Bas-Chœur, les habitués non compris.	4	» »	» »
Aux Musiciens.	» »	20	» »

Le Maître de musique recevait double portion.

Au Choriste qui annonçait au Doyen l'intonation du *Congregati*.	» »	2	» »
A l'Acolythe.	» »	» »	12
Au Clerc du Vestiaire (Sacristain), outre sa part comme Membre du Bas-Chœur.	» »	2	» »

Cette modeste rétribution de 2 sols, qui aujourd'hui nous fait presque sourire, mais qui représentait alors une valeur beaucoup plus considérable, était assignée à l'Evêque, lorsqu'il portait le St-Sacrement, à la procession de l'octave de la Fête-Dieu, fondée en 1504, par Guillaume Rogier, Chanoine de Cully : « *Episcopo, vel sacerdoti corpus dominicum deferenti, duo solidi turonenses assignabuntur.* » Les Chanoines et les Officiers de l'Eglise n'étaient pas les seuls qui eussent part aux distributions. A l'Obit du 12 janvier, celui d'Etienne II, Haut-Doyen, les pauvres recevaient pour 20 sols de pain à la porte de l'Eglise. Le 19 janvier, à l'occasion de l'Obit de Mgr Robert des Abléges, on leur en distribuait pour une triple somme. Tenneguy de Bardouil, Archidiacre de Bayeux, Conseiller et Aumônier du Duc d'Orléans, avait chargé le Chapitre de faire en son nom aux prisonniers les plus pauvres une rente annuelle de 8 livres ; la distribution avait lieu aux cinq fêtes principales de l'année. Le jour de la fête de St-Joachim, le Chapitre était tenu également de faire distribuer par un de ses membres 60 sols de pain aux pauvres prisonniers. Cette fondation (1653), était due à la libéralité de Guillaume Dubreuil, Curé de St-Exupère, Chapelain de Notre-Dame.

Les distributions dont nous avons parlé jusqu'ici, étaient toujours attachées à quelque office particulier. Il y en avait une appelée *Conredus*, qui était attachée à la solennité elle-même, sans aucun surcroit d'obligations. D'après Ducange, le mot *Conredus* est synonyme de *Convivium*. Il peut signifier aussi «*Quod datur in cibum et alimoniam*; » ce que l'on appellerait aujourd'hui «pension alimentaire.» Le *Conredus* était dû par l'Evêque aux fêtes de Noël, de la Purification, de Pâques, de la Pentecôte, de St-Raven et St-Rasiphe, de l'Assomption et de la Toussaint. A chacune de ces fêtes, il était tenu de payer au Chapitre 11 livres tournois, à moins qu'il ne donnât à dîner à tous les Officiers de l'Eglise. Cette somme était partagée entre tous les membres du Haut et du Bas-Chœur; la distribution avait toujours lieu à la grand'-messe.

Le *Conredus* était payé par le Doyen le jour de la fête des Saintes-Reliques ; il donnait comme l'Evêque 11 livres tournois. Le premier qui contracta cet engagement fut Etienne II

(XII⁰ siècle), par reconnaissance pour la faveur que le Chapitre lui avait accordée, en lui permettant d'officier solennellement à la fête des Saintes-Reliques.

Le Couteur et le Prévost devaient le *Conredus*, l'un, le dimanche des Rameaux; l'autre, à la fête de la Trinité. Le premier payait 8 livres, et le second, 11 livres, prises sur le fonds commun. Enfin, Antoine des Talents, moyennant une somme de 200 écus, avait constitué une rente de 12 livres pour le *Conredus* de la fête du St-Sacrement.

Du reste, il en était de cette distribution comme de toutes les autres, il fallait être présent pour y avoir droit. C'est ce que signifient les mots — *Manualiter* — *Præ manibus* — que l'on rencontre si souvent dans le Nécrologe. Il est vrai que si la présence était toujours requise, elle n'était pas toujours rigoureusement obligatoire. Les offices, sous ce rapport, peuvent être partagés en quatre classes. 1° Ceux durant lesquels la présence continuelle était exigée : « *Cum residentiâ continuatâ.* — *Nisi ipsos urgeat corporalis necessitas.* » Dans ce cas, on lit en marge le mot *periculosus*, sans doute parce qu'en s'absentant, on courait risque d'être pointé par le Marqueur, et omis dans la distribution. 2° Les offices pour lesquels le fondateur se contentait de la présence habituelle, — « *Cum residentiâ habituali.* » 3° Ceux dont on pouvait se dispenser sans motif; le nombre en est très-petit; on disait alors que les absents profitaient par indulgence; « *Lucrabitur per simplicem indulgentiam.* » 4° Les offices dont on n'était dispensé que pour des motifs sérieux, que le Chapitre se réservait le droit d'apprécier. « *Per juris excusationes per Capitulum judicandas.* » La prévoyance des réglements s'étendait encore plus loin : un statut de 1571 porte que « chacun fera faire sa couronne aux fêtes *de stallo.* » De là cette formule plusieurs fois répétée sur les marges de l'Obituaire :

« *Cum tonsurâ — omnes radi debent.* » La tonsure fraîchement rasée, était une des conditions requises pour avoir part au *Conredus* des fêtes épiscopales.

Commencé en 1586, le Nécrologe de la Cathédrale fut terminé en 1692 ; l'Obit du vénérable M. Petite est le dernier que l'on y ait inscrit. Il paraît que le nombre des Obits fut considérablement réduit au xviiie siècle. Un tableau des fondations, imprimé en 1783, n'indique que cinquante-huit services funèbres à célébrer dans le cours de l'année ; tandis qu'auparavant on en célébrait plus de cent cinquante. — Il est vrai que dès le xve siècle, le même office était appliqué à plusieurs personnes ; mais le nom de tous les fondateurs figurait dans l'Obituaire. Le Nécrologe du xviiie siècle n'indique que les principaux ; on y trouve quelques noms nouveaux, entre autres celui de Mgr de Nesmond ; et l'ordre ancien est complétement bouleversé.

TITRE IIe.

SÉPULTURES.

Les premières sépultures de la Cathédrale remontent au xie siècle, c'est-à-dire qu'elles sont aussi anciennes que le monument lui-même. Dès l'origine, les grands de la terre y furent inhumés à côté des Princes de l'Eglise et des Dignitaires du Chapitre ; mais, en 1346, on décida que nul ne pourrait prétendre à cet honneur, sinon les Chanoines et Vicaires, à moins qu'il n'eût fondé son Obit. Trente ans s'étaient à peine écoulés depuis la mort de l'Evêque Hugues II, inhumé à l'entrée de l'édifice dont il jeta les fondements, lorsqu'on y déposa le corps de la princesse Agathe ou Elgifva, fille de Guillaume-le-Conquérant. D'après Orderic Vital, cette princesse, fiancée d'abord au fameux Harold, et mariée depuis à Amfurcius, roi de Galice, mourut en chemin pendant qu'on la conduisait à son époux. Son corps fut rapporté en Normandie, et inhumé à Bayeux dans l'Eglise Notre-Dame, l'an 1081. Dans un grand nombre d'Eglises, les sépultures les plus anciennes furent placées sous le portique « *in atrio* ». Plus tard, on pénétra dans la nef; et les autres parties de la Basilique ne furent envahies que progressivement. Il ne paraît pas que l'on ait suivi à Bayeux cette marche ascendante, ou du moins, l'ordre a été fréquemment interverti. Ainsi, l'Evêque Henri II fut inhumé à l'entrée du Chœur, et son successeur, Robert des Ablèges, dans la nef, sous la Couronne. On trouve également dans la nef la sépulture de Pierre de Vilaines, tandis que celle de Grégoire de Naples, un de ses prédécesseurs, est à l'entrée du sanctuaire.

Il ne reste plus que quatre sépultures dont la pierre s'élève au-dessus du sol, deux à l'entrée de l'Eglise, et deux dans la Crypte. La requête adressée aux Commissaires du Roi, en 1563, reproche aux Protestans d'en avoir détruit plusieurs de cette espèce. «Plus, ont pris et enlevé, aud. temps, de lad. Eglise, plusieurs sépulcres élevés, et tombes de cuivre des Evêques et autres gros Seigneurs inhumés dans ladite Eglise, avec les grilles et clotures de fer étant sur aucune desd. sépultures». Il en est de même des pierres gravées; elles n'ont pas eu moins à souffrir de la main des hommes que de celle du temps; beaucoup d'inscriptions sont à-peu-près effacées; et, ce qui est plus déplorable encore, c'est qu'en 1832, l'architecte qui présidait aux travaux de la Cathédrale, s'attaqua aux pierres elles-mêmes; il en fit enlever un grand nombre, et les abandonna à l'entrepreneur pour être détruites; on obtint à grand'peine qu'elles seraient replacées confusément dans certaines parties de l'Eglise, notamment dans le transept septentrionnal dont elles forment le pavé. Nous venons bien tard pour réparer tant d'outrages ; nous espérons cependant, grâce aux renseignements précieux que nous avons puisés à la Bibliothèque du Chapitre, et au concours bienveillant de plusieurs Membres de votre Société, qu'il nous sera possible de mettre un peu d'ordre dans ce chaos, de faire revivre quelques noms oubliés. Nous devions ce pieux hommage à la mémoire de nos prédécesseurs, des Prélats qui ont gouverné ce Diocèse, des grands personnages qui ont enrichi la Cathédrale de leurs bienfaits. Pour procéder avec ordre dans cette statistique funèbre, nous visiterons successivement le Sanctuaire, le Chœur, la Nef et les Chapelles, dont nous indiquerons subsidiairement l'origine et les fondations.

SANCTUAIRE.

(A) ([1])

Le MAITRE-AUTEL, attribué à Caffieri, a été construit en 1771, sous l'Episcopat de Mgr de Rochechouart. A l'autel principal est adossé l'autel des **FÉRIES**, « *ubi missæ simplices et feriarum celebrantur* (1681) », celui-ci fut dédié primitivement à la **Ste CROIX**, et plus tard à **St.-RAVEN** et **St.-RASIPHE** ; aucun revenu n'y était attaché.

Sépultures.

1° **ODON DE LORRIS**, chapelain de St.-Louis, chanoine de Bayeux, fut sacré Evêque de Bayeux en 1263 ; il

---

([1]) Les lettres de l'Alphabet, combinées avec des Chiffres, indiqueront le lieu précis de chaque Sépulture, dans le plan de la Cathédrale annexé au présent Mémoire.

mourut en 1274, et fut inhumé devant le Maître-Autel, au milieu du Sanctuaire. On célébrait son obit le 11 du mois d'août. Il l'avait fondé moyennant une rente de 60 livres, et y avait compris le Roi Louis IX son bienfaiteur, ainsi que la Reine Blanche.

2° **GRÉGOIRE DE NAPLES**, neveu du pape Grégoire IX, Doyen du Chapitre de Bayeux; élu Evêque de Bayeux en 1274, mort en 1276, fut inhumé devant le Maître-Autel du côté droit.

3° **CHARLES DE NEUFCHATEL**, Archevêque de Besançon, prince du St.-Empire, Evêque de Bayeux en 1480, mort en 1498, fut inhumé devant le Maître-Autel, du côté gauche. Il avait donné une statue de la Vierge en argent, du poids de plus de 100 marcs « pour être mise au milieu du Maître-Autel, sur la table des ornements, entre les chandeliers. » On célébrait son obit le 19 juillet.

L'épitaphe de ces trois Evêques qui avait disparu du Sanctuaire, probablement à l'époque où Mgr de Rochechouart le fit paver en marbre, a été retrouvée dernièrement, et rétablie dans l'Avant-Chœur, contre les degrés du Sanctuaire.

CHOEUR.

1re partie. — Au-dessus de la Crypte.

4° **NICOLAS DUBOSC**, de Rouen, maître des requêtes, et conseiller d'état sous Charles V, chanoine de la Métropole, Evêque de Bayeux en 1375; mort à Paris en 1408, fut inhumé dans le chœur de la Cathédrale en face de la chapelle St.-Vincent, en 1412. Son tombeau, orné de peintures et de figures en relief, fut brisé par les protestants en 1562. Lorsqu'on renouvela le pavé du chœur, en 1681, ce tombeau fut enlevé, et le corps du prélat, que l'on trouva enveloppé d'une peau de cerf, fut reculé contre le mur d'enceinte. On y plaça une pierre de marbre noir, sur laquelle on lit en caractères gothiques l'inscription suivante :

𝕮𝖎 𝖌𝖎𝖘𝖙 𝖋𝖊𝖚 𝕸𝖊𝖘𝖘𝖎𝖗𝖊 𝕹𝖎𝖈𝖍𝖔𝖑𝖊 𝕯𝖚𝖇𝖔𝖘𝖈 𝖓𝖊𝖞 𝖉𝖊 𝕽𝖔𝖊𝖓 𝖊𝖛𝖊𝖘𝖖𝖚𝖊 𝖉𝖊 𝖈𝖊𝖆𝖓𝖘 𝖈𝖔𝖓𝖘𝖊𝖑𝖑𝖎𝖊𝖗 𝖉𝖚 𝖗𝖔𝖞 𝖓𝖔𝖙𝖗𝖊 𝖘𝖎𝖗𝖊 𝖊𝖙 𝖕𝖗𝖊𝖘𝖎𝖉𝖊𝖓𝖙 𝖉𝖊 𝖑𝖆 𝖈𝖍𝖆𝖒𝖇𝖗𝖊 𝖉𝖊𝖘 𝖈𝖔𝖒𝖕𝖙𝖊𝖘 𝖖𝖚𝖎 𝖙𝖗𝖊𝖘𝖕𝖆𝖘𝖘𝖆 𝖆 𝕻𝖆𝖗𝖎𝖘 𝖑𝖊 xixme 𝖏𝖔𝖚𝖗 𝖉𝖊 𝖘𝖊𝖕𝖙𝖊𝖒𝖇𝖗𝖊 𝖒𝖎𝖑 𝖈𝖈𝖈𝖈 𝖛𝖎𝖎𝖎 𝖊𝖙 𝖋𝖚 𝖈𝖞 𝖙𝖗𝖆𝖓𝖘𝖑𝖆𝖙𝖊 𝖑𝖊 vime 𝖏𝖔𝖚𝖗 𝖉𝖊 𝖒𝖆𝖞 𝖈𝖈𝖈𝖈 𝖊𝖙 xii 𝖕𝖗𝖎𝖊𝖘 𝖕𝖔𝖚𝖗 𝖑𝖆𝖒𝖊 𝖉𝖊 𝖑𝖚𝖞 [1].

Au xvie siècle on célébrait deux obits pour Mg^r Dubosc, l'un le 6 mai, l'autre le 19 septembre; dans l'Obituaire du xviiie siècle (1783), il n'est plus fait mention que d'un seul obit fixé au 16 janvier.

5° GUY, Evêque de Bayeux en 1240, mourut en 1259, et fut inhumé dans le chœur, au pied du candélabre à sept branches, dont il avait fait présent à son Eglise. Nous avons vu dans l'*Inventaire*, qu'à la fin du xve siècle, ce candélabre était placé *devant la janue* (porte) *du cueur*; d'un autre côté, un acte de fondation, rédigé à la fin du xvie siècle, le place *devant la chaire Episcopale*, c'est-à-dire à l'entrée du chœur (fol. 69). En supposant que cette dernière indication ne doive pas être prise à la lettre, elle prouve au moins que le Candélabre était plus près du chœur que du sanctuaire, et elle fixe d'une manière assez précise le lieu même de la sépulture. Il paraît cependant qu'on l'avait oublié; car, lorsqu'on creusa, quatre siècles plus tard, la tombe de Mg^r François Servien, on découvrit, par mégarde, le corps de son prédécesseur. Le squelette était intact, mais il se pulvérisa, dès qu'on vint à y toucher. Les ossements furent recueillis dans une

[1] Cette inscription est double, mais, du côté du midi, elle est presque entièrement cachée par le pavé de l'avant-chœur.

boîte de plomb, et déposés sous le Candélabre. On en détacha l'anneau épiscopal qui était d'or, orné d'un saphir, et qui prit rang parmi les objets curieux que l'on conservait dans le trésor. On célébrait l'obit du prélat le 24 février.

6° **CHARLES D'HUMIÈRES**, originaire de la Picardie, grand Aumônier de France, Evêque de Bayeux en 1548, mourut en 1571, et fut inhumé au pied du Candélabre, à droite de l'Evêque Guy. Son cœur fut porté au couvent des Cordeliers. Avant le pavage de 1681, on lisait sur son tombeau :

> Hâc sub humo Humerius, genere et virtutibus ingens,
> Carolus obtegitur, pastor gregis optimus hujus.

On célébrait son obit le 5 décembre.

7° **FRANÇOIS SERVIEN**, originaire de Grenoble, transféré du siége de Carcassonne à celui de Bayeux en 1654, fut inhumé en 1659, dans le tombeau de l'évêque Guy. Son épitaphe, gravée comme celle de Mgr d'Humières sur une lame de cuivre disparut en 1681. Il avait donné à la Cathédrale un ornement de velours violet, semé de broderies et de fleurs de lys d'or, qui avait servi au sacre de Louis XIV, et qui était estimé 12,000 fr. « *Capellam completam pretiosorum ornamentorum, phrygio exquisito opere elaboratorum, auro argentoque, stupendo artificio intertextorum.* » — Fol. 110.— En 1658 il obtint du pape Alexandre VII, par l'entremise de M. de Lyonne, notre ambassadeur à Rome, le corps de St.-Fauste dont il établit la fête ; il légua au Chapitre 4,000 livres pour cette fondation. On célébrait son obit le 1er février.

J'ai dit que l'épitaphe de François Servien et celle de Charles d'Humières disparurent en 1681. Je dois ajouter que l'on grava sur le nouveau pavé qui existe encore aujourd'hui, le nom de ces deux évêques et la date de leur mort. On en fit autant pour l'Evêque Guy. Malheureusement, ces trois inscriptions sont assez éloignées des sépultures auxquelles elles correspondent. Placées symétriquement sur une même ligne, vers le milieu de l'espace compris entre le Chœur et le Sanctuaire, elles ont fait croire à l'abbé Beziers que le corps des trois prélats reposait en cet endroit; mais s'il en était ainsi, la place du Candélabre, au pied duquel Guy et Servien furent successivement inhumés, aurait été près du Sanctuaire, au-dessus des portes du Chœur; de plus, Guy aurait M. d'Humières à sa droite et Servien à sa gauche; suppositions démenties par tout ce qui précède.

CHOEUR.

2ᵉ partie. — Dans la Crypte.

CHAPELLE DE St.-MAMERT.

(B)

La Crypte fut découverte en 1412, à la mort de l'Evêque Jean de Boissay. Ce fut en creusant sa sépulture au haut du Chœur, devant la Chapelle de St.-André, que l'on pénétra dans le souterrain. L'Autel de la Crypte, dédié à St.-Mamert, n'avait pas de revenu fixe. Un mémoire du xvıɪᵉ siècle nous apprend que l'on y venait prier, et sans doute déposer des offrandes, pour obtenir de Dieu la guérison des hernies « *Pro infirmis in inguine ruptis.* » Je crois devoir faire remarquer que le Vocable de St.-Manvieu, attribué par l'abbé Beziers à la Chapelle souterraine, n'est indiqué par aucun de nos manuscrits. Jean de Larchamp, chanoine de Bayeux, y fonda, en 1439, une messe quotidienne; il fit décorer l'intérieur du monument, et plaça sur les deux portes son nom et ses armes

On distingue encore à l'entrée de la Crypte, du côté du nord, un champ de gueules à fasce d'azur, cantonné au chef de deux roses d'or, avec une étoile (ou une molette) d'or à la pointe. Sur la porte méridionale, au-dessous des armes à peu près effacées, on lit la devise 𝕰𝖚𝖗 𝖊𝖙 𝕲𝖗𝖆𝖈𝖊; et plus haut : 𝕷𝖆𝖗𝖈𝖍𝖆𝖒𝖕.

Un mémoire rédigé pour le Chapitre général du 1er février 1681, par l'Archidiacre des Veys et le Chanoine de Froide-Rue, nous apprend que Guillaume Heudeline, Chanoine d'Amayé, avait orné ou fait orner de peintures (*picturis illustravit*), en 1595, la Chapelle souterraine; qu'il y était lui-même représenté derrière l'autel, et du côté gauche « *ubi et ipse depictus in tabellâ altaris, et à parte sinistrâ.* » Le tableau de l'autel a disparu, mais il existe encore, du côté gauche, une fresque assez remarquable, représentant un prêtre en surplis, à genoux aux pieds de la Vierge, qui tient dans ses bras l'enfant Jésus; derrière le prêtre, est un personnage nimbé, revêtu d'une chape, avec une croix de procession à la main. Ce personnage, qui est sans doute le patron du prêtre, paraît appeler sur lui la protection de la mère de Dieu. Des mains du prêtre s'échappe un phylactère, dont l'enfant Jésus saisit l'autre extrémité, et sur lequel on lit ces mots : *Mater Dei ora pro me Deum.* La Vierge et l'enfant sont nimbés en or. La Vierge est revêtue d'un manteau bleu, posé sur une robe fleurdelisée; la robe de l'enfant est semée d'étoiles d'or. Ce groupe, qui occupe le fond de la première arcade du côté gauche, est surmonté de plusieurs anges, réunis entre eux par des légendes; à la voûte, on aperçoit le Père éternel assis, tenant sur ses genoux un crucifix, au-dessus duquel plane le St.-Esprit, figuré par une colombe. La deuxième arcade, du même côté, renferme une autre fresque, représentant St.-Simon et St. Jude, sur un fond rouge, avec phylactères en lettres gothiques. Une assez grande variété d'anges musiciens décore les retombées de la voûte, au-dessus des piliers qui divisent la Crypte en trois galeries. Enfin, du côté droit, en face de la fenêtre, on distingue encore un Evêque de grandeur naturelle, bénissant d'une main, et appuyé de l'autre sur sa crosse, avec une grande croix brochant sur le tout. Cette croix est accompagnée de deux autres plus petites, dont l'une porte en forme de légende : 𝔍𝔢𝔥𝔞𝔫 𝔡𝔢 𝔅𝔬𝔦𝔰𝔰𝔞𝔶 𝔈𝔳𝔢𝔰𝔮𝔲𝔢 𝔡𝔢 𝔅𝔞𝔶𝔢𝔲𝔵.

Le tableau de la première Arcade du côté gauche est-il vraiment celui dont il est question dans le mémoire de 1681 ? Le sujet de ce tableau et la place qu'il occupe sembleraient l'indiquer; mais, en ce cas, il est difficile de ne pas s'inscrire en faux contre la date qu'on lui assigne. On n'y reconnait, en effet, aucun des procédés de la Renaissance, tandis qu'il a tous les caractères de l'époque antérieure. On aimerait à penser que la date 1595 est une erreur de copiste; malheureusement elle est confirmée, quant au personnage, par celle de 1617, époque à laquelle il fonda son Obit. D'un autre côté, comment admettre que dans un travail sérieux, comme celui où est rappelée l'origine de ces peintures, on ait hasardé sans preuves un fait de cette importance ? Les cartons seraient-ils du xve siècle, et la peinture du xvie ? Est-il sans exemple que dans le xvie siècle on ait employé pour la peinture murale les procédés des âges précédents ? Ces questions dépassent la portée de ma critique, et je laisse à d'autres le soin de les résoudre.

Sépultures.

8° — ? — On a cru longtemps que le tombeau, au-dessus duquel se trouvent les peintures dont je viens de discuter l'origine, était celui de l'Evêque **DUBOSC** ; c'était l'opinion de l'abbé Beziers. D'abord, Mgr Dubosc n'a point été inhumé dans la Crypte, mais dans le Chœur, au-dessus de la Crypte, comme Servien et Charles d'Humières. Ensuite, la statue qui couronne ce tombeau est entièrement dépourvue des attributs épiscopaux, et elle porte les insignes du canonicat. S'il était vrai que l'on dût la fresque de cette même arcade au pinceau ou à la munificence de Guillaume **HEUDELINE**, on serait porté à croire qu'elle indique également la place de sa sépulture; mais, quand même on parviendrait à établir la concordance des dates, rien n'indique que G. Heudeline ait été inhumé dans la Crypte; au contraire, il est probable qu'il repose dans la chapelle St-Nicolas; car on y faisait la procession le jour de son obit. Serait-ce Jean de **LARCHAMP**, bienfaiteur de la chapelle St-Mamert? Je n'oserais l'affirmer. L'Obituaire fait mention de trois Larchamp; *Jean, Hervé* et *Gervais*. Or, le premier n'est pas le Chanoine qui a fait peindre sur la Crypte les armes de sa famille; il est désigné sous le titre d'écuyer (*Armiger*), et sa sépulture est devant l'autel St-Nicolas. Hervé était simple Prêtre; Gervais était Chanoine et Sous-Doyen; l'un et l'autre avaient été inhumés dans la Crypte, où l'on faisait la procession le jour de leur Obit. Le tombeau qui nous occupe pourrait donc être celui de **GERVAIS DE LARCHAMP** dont on célébrait l'Obit le premier lundi de Carême. Quant au Chanoine Jean de Larchamp, on ne peut guère supposer qu'il ait été inhumé dans la Crypte au xv⁰ siècle, et que son nom ne figure pas dans le Nécrologe; peut-être n'est-il pas mort à Bayeux.

9° **JEAN DE BOISSAY**, noble normand du pays de Caux, Evêque de Bayeux en 1408, mort en 1412. On lui éleva dans la Crypte, du côté du midi, un tombeau en forme d'autel. L'inscription suivante en caractères gothiques, fut gravée dans l'Eglise, au-dessus de la fenêtre qui éclaire en cet endroit la chapelle souterraine.

> En lan mil quatre cens et douze,
> Tiers jour davril que pluye arouze
> Les biens de terre, la journee
> Que la Pasques fut celebree,
> Noble home et reverent Pere
> Jehan de Boissay, de la mere
> Eglise de Baieux pasteur
> Rendi lame a son createur ;
> Et lors en foissant la place
> Devant le grant autel de grace
> Trouva len (¹) la basse chappelle
> Dont il navait este nouvelle
> Ou il est mis en sepulture
> Dieu vieulle avoir son ame en cure ; Amen.

Le tombeau a été mutilé par les protestants ; l'épitaphe nous est restée ; elle est ainsi conçue : — Cy gist home de noble memoire, Jehan de Boissay euesque de Baiex, et cōsillier du Roi, qui trespassa le jour de Pasques iii jour davril l'an mil cccc xii. Priez Dieu pour sō ame. — C'est cette inscription qu'Hermant s'est imaginé avoir lue en latin, et qu'il a donnée dans cette langue. L'obit de Mgr de Boissay était fixé au 2 avril ; il y avait ce jour-là procession au lieu de sa sépulture. On trouve encore son nom associé à celui de Hervé de Larchamp, le 31 mai.

10° CHARLES-FRANÇOIS DUPERRIER, originaire du Mans, nommé Evêque de Tulle en 1817, sacré Evêque de Bayeux en 1823, mort en 1827, a été inhumé au milieu de la Crypte.

(¹) L'on trouva.

11° **JEAN-CHARLES-RICHARD DANCEL**, Vicaire-Général de Coutances, succéda au précédent, à la droite duquel il a été inhumé en 1836.

CHOEUR.

3ᵉ Partie. — Autour de l'Aigle.

12° **LOUIS DE HARCOURT**, Archevêque de Narbonne, transféré à Bayeux en 1460, avec le titre de Patriarche de Jérusalem, mourut en 1479, et fut inhumé dans le Chœur, en face du Transept, du côté du Nord. Son tombeau fut profané en 1562 par les Calvinistes, qui espéraient y trouver un cercueil d'argent, au lieu du cercueil de plomb qui renfermait ses ossements. Quatre ans avant sa mort (1475), le Patriarche avait fondé à la Cathédrale six anniversaires. Le premier, fixé au 14 juillet, jour de la translation des Reliques de St-Exupère, devait être transféré, après la mort du fondateur, au jour de son décès, à moins que, pendant sa vie, il n'en ordonnât autrement. La mort de Mgr de Harcourt arriva le 14 décembre, et, néanmoins, on continua de célébrer son obit le 14 juillet, sans doute pour se conformer à ses intentions. Le second avait été fixé au 17 du mois d'août, jour anniversaire de la bataille de Verneuil, dans laquelle périt Jean de Harcourt, père du Prélat. « *In quâ strenuissimus ejus pater, Johannes primogenitus et hæres de Haricuriâ, Comes de Aumasle, apud Vernolium, in famoso bello contra Anglicos, occubuit.* » Trois autres devaient être célébrés le mercredi des quatre-temps de septembre, de décembre et du Carême. Le sixième était fixé au 6 mai, en mémoire de Marguerite de Preullay, mère du Patriarche. « *Quâ generosa Domina* *mater ejus Margareta de Prulayo, Domina de Fresneto-le-Samson, de la Rosière et de Gemages, ab hoc sœculo migravit.* » L'acte de fondation met la sonnerie et le luminaire de ces Obits à la charge de la Fabrique, et cela, par reconnaissance pour les dons magnifiques que Mg^r de Harcourt avait faits à son Eglise. Ces dons consistaient principalement en une table d'argent massif placée au-devant de l'autel, divers ornements, joyaux, tapis et livres, évalués ensemble à plus de 10,000 livres tournois. La table seule pesait 363 marcs, 2 onces, 4 gros d'argent, et la main-d'œuvre avait coûté autant que la matière. Elle était « dorée et dextrement esmaillée. » On voyait au milieu un crucifiement, entouré de deux rangs d'images, au nombre de dix. Le champ était semé de fleurs-de-lis; « et tous les bors, hault et bas et aux costés, ennoblis de précieuses reliques portant leurs escriptaulx. » Au bas, sur un fond d'azur, on lisait le nom du donateur. Pour se faire une juste idée de sa munificence, il faudrait ajouter aux objets précédemment énumérés, dont l'indication se trouve dans le Nécrologe, et la description dans l'Inventaire de 1476; il faudrait, dis-je, ajouter ceux que le Prélat donna par testament en 1479. Je me contenterai de citer un calice et une patène d'or, pesant 3 marcs, 2 onces, 5 gros; une croix d'or; une mitre d'une richesse fabuleuse « à champ de perles menues, semé d'autres perles plus grosses; ornée d'émaux, de pierreries, affichets et ferets d'or et d'argent »; une crosse d'argent doré; un bâton pour le Chantre, de même métal; un bonnet à l'usage du Chantre, enrichi de pierres précieuses, et aux quatre angles duquel étaient représentées l'Annonciation, la Visitation, la Nativité de N.-S., et le Couronnement de la Ste-Vierge; enfin, deux mitres, à l'usage du petit Evêque [1]. En

___
[1] On appelait ainsi celui des Enfants de Chœur qui officiait avec la

fondant les six obits dont nous venons de parler, le Patriarche avait versé au trésor la somme de 3,500 livres tournois; cette somme fut employée par le Chapitre à l'acquisition du second fief de Sommervieu. «*Secundi feodi de Sommerveyo* » : Plus tard, par contrat passé en 1477, le Chapitre céda son acquisition à l'Evêque, qui possédait déjà le premier fief, et reçut, en échange, la Dime d'une paroisse appelée *Chef du Pont*, située dans le bailliage de Coutances. Cette même année 1477 avait vu s'élever entre le chœur et la nef la tour de l'Horloge qui fut achevée deux ans plus tard, et coûta au Patriarche 4,092 livres, 12 sols, 6 deniers (¹).

Voulant perpétuer le souvenir de tant de bienfaits, le Chapitre ordonna qu'à toutes les messes des Anniversaires ou Obits, après l'Oraison Dominicale, le Chœur réciterait à genoux le *De profundis*, pour le repos de l'âme du généreux Pontife; ce que l'on fait encore aujourd'hui, aux fêtes semi-doubles, *et Infrà*, à l'intention de tous les bienfaiteurs. Indépendamment de ce pieux hommage, rendu chaque jour à une mémoire vénérée, le nom de Mgr de Harcourt avait été associé à celui d'Odon de Conteville dans l'oraison *Absolve*, que l'on chantait aux processions du Carême, pour le frère du Conquérant.

13° **FRANÇOIS DE NESMOND**, Docteur de Sorbonne, Evêque de Bayeux, en 1662, fondateur du Séminaire et de l'Hôpital, mourut en 1715, et fut inhumé dans le Chœur, à droite de Mgr de Harcourt, en face du transept méridional. Les deux Prélats se trouvent ainsi avoir pour mausolée la tour de l'Horloge, que le premier avait fait construire deux ans

crosse et la mitre, le jour de la fête des Saints Innocents. Cette cérémonie fut supprimée en 1482. (*V. Manuscrits* de M. Potier).

(¹) Le détail de cette somme fut consigné dans un Manuscrit de 27 feuillets, par Nicole Michiel, Pénitencier, Fabriquier de l'Eglise de Bayeux.

avant sa mort, qui fut détruite par un incendie en 1676, et que Mgr de Nesmond fit rebâtir en 1714 et 1715, dernière année de son épiscopat. Cette gracieuse coupole, principal ornement de la cité, n'est pas le seul présent dont Mgr de Nesmond ait enrichi la Cathédrale. Le 29 mai 1678 il lui avait donné sa chapelle de vermeil (¹) ; le calice seul nous est resté.

La même année, il fit construire, conjointement avec le Chapitre, un nouveau *Jubé* «en carreau fin» et prit à sa charge une partie considérable de la dépense. Il fonda son obit moyennant 2,000 livres, et envoya 4,000 livres au Chapitre, la veille de sa mort, pour l'acquisition d'un ornement. L'ancien Obituaire, terminé en 1692, ne fait pas mention de Mgr de Nesmond ; mais je trouve son obit indiqué à la date du 9 mai, dans un tableau des fondations rédigé en 1783. Aujourd'hui encore, à la messe Capitulaire, lorsque le Célébrant interrompt la liturgie pour appeler la clémence divine sur les âmes des défunts, le Diacre d'office l'invite à prier spécialement pour l'auguste Pontife : « *Memento D. Francisci de Nesmond.* » On a voulu que sa mémoire fût protégée contre l'oubli, par la perpétuité du St-Sacrifice, à l'oblation duquel elle se trouve associée. Quand le temps aura effacé le nom du Prélat de la pierre sépulcrale qui couvre ses ossements bénis, il lui restera pour épitaphe une parole vivante, répétée d'âge en âge, et pour

---

(¹) En voici le détail :

Une croix et six chandeliers.	52 marcs	
Un calice avec sa patène.	8 m.	1 once.
Une cuvette et deux burettes.	8 m.	6 onces.
Une urne avec sa cuvette.	9 m.	2 onces.
Un bénitier et un goupillon.	8 m.	6 onces.
Un encensoir et la navette.	7 m.	5 onces.
Une clochette, une boîte à pain, un bougeoir, un instrument de paix.	7 m.	
Ensemble. . . .	101 marcs 4 onces.	

monument funèbre, l'autel même, devant lequel il a tant de fois prié pour le salut de son troupeau.

Ses entrailles furent déposées, suivant son désir, devant l'autel de l'Hôpital-Général, à côté de son précepteur, Jean Ratier, trésorier de la Cathédrale, mort en 1697. Son cœur fut porté au grand Séminaire.

14° **HENRI**, Doyen de Salisbury, Evêque de Bayeux en 1165, mort en 1205, fut inhumé à l'entrée et au milieu du chœur, devant le grand lutrin. Ce fut lui qui fit annuler par le Pape Lucius III, l'obligation imposée par Odon aux Evêques et aux Chanoines de se faire inhumer à St-Vigor. Il n'est cependant pas le premier successeur d'Odon, pour lequel on ait dérogé au statut de ce Prélat. Philippe II et Richard II l'avaient déjà précédé à la Cathédrale. On célébrait son obit le 19 novembre.

NEF.

Galerie centrale.

Avant le xviii° siècle, il y avait sous l'ancien *Jubé*, démoli en 1698, quatre petits autels.

A DROITE.

(a)

1° L'autel de sainte **MADELEINE**. Le chapelain, nommé par le chanoine en semaine, devait acquitter cent cinq messes par an; il jouissait d'un revenu de 105 livres, monnaie courante.

(b)

2° L'autel de saint **DENIS**. Le chapelain, nommé par le

chanoine en semaine, était tenu d'acquitter cinquante-deux messes par an; plus tard, la fondation fut réduite à une messe par mois.

A GAUCHE.

(c)

3° L'autel de saint **JEAN L'ÉVANGÉLISTE**, *in introitu Chori*. Le chapelain, nommé par le chanoine en semaine, était tenu d'acquitter cinquante-deux messes par an.

(d)

4° L'autel de saint **LAURENT**, fondé et doté en 1279, par Thibault Le Sénécal de Poüancé, alors Doyen de Bayeux, plus tard, Evêque de Dol. Le chapelain, nommé par le chanoine en semaine, était tenu d'acquitter cent quatre messes par an. Il jouissait de 100 livres de revenu; plus tard la fondation fut réduite à une messe par mois.

Sépultures.

15° **THOMAS DE FRÉAUVILLE**, originaire de Rouen, Evêque de Bayeux en 1232, mourut en 1238, et fut inhumé sous la Couronne, à la porte du chœur. On célébrait son obit le 27 mai.

16° **ROBERT DES ABLÉGES**, Evêque de Bayeux en 1206, mourut en 1231, et fut inhumé dans la nef, au-dessous du précédent, qui lui succéda dans l'ordre chronologique.

17° **JACQUES DE LA LANDE**, Chanoine du Locheur et Archidiacre de Caen, mort en 1719, fut inhumé dans la nef, à la porte du chœur, sous la lampe d'argent, dont il avait fait présent à l'Eglise, et qui fut transportée plus tard dans l'Avant-Chœur, au-dessus du Candélabre.

18° **JEAN LAMY**, originaire de Paris, Docteur de Sorbonne, Vicaire-Général de Mgr de Nesmond, Théologal de l'Officialité de Caen, en 1667, Chanoine de Bernesq en 1668, Prieur commandataire de l'Hôtel-Dieu de Bayeux en 1674, Grand-Chantre de la Cathédrale en 1676, mourut le 5 janvier 1692, et fut inhumé dans la nef de la Cathédrale, au pied de la chaire. Il avait été surnommé le Père des Ordinands, à cause de l'affection qu'il leur portait. Avant la Révolution, son portrait était placé dans la salle des exercices, au Grand-Séminaire.

19° **PIERRE DE VILLEYNES**, Evêque d'Auxerre, transféré à Bayeux en 1349, mourut au château de Neuilly en 1360; son corps y resta déposé jusqu'en 1440, époque à laquelle Zanon de Castiglione le fit transporter à la Cathédrale, où il fut inhumé dans la nef, près de la porte du Doyenné, contre le pilier auquel était attachée la statue de Ste-Cécile [1]. On célébrait son obit le 3 septembre.

20° **SÉBASTIEN DUFOUR**, originaire de Revilly, au diocèse de Bourges, Grand-Couteur en 1692, Official et Archidiacre de Bayeux, après la mort de M. Petite, en 1694, Chanoine d'Arry en 1700, légua au Chapitre sa bibliothèque qui était considérable. Il mourut en 1719, et fut enterré dans la nef, près du pilier qui correspond à la porte du Doyenné.

21° **NICOLAS HABART**, Evêque de Bayeux en 1421, mort en 1431. Il a fait construire la tour du midi, et fondé la bibliothèque du Chapitre. Il fut inhumé au bas de la nef, auprès de son frère Richard Habart, Chanoine et Archidiacre, sous la statue de Notre-Dame de la fabrique, du côté gauche. On célébrait un de ses obits dans le mois de février, le ven-

---

[1] Cette statue occupe maintenant un des angles de la chapelle St-André.

dredi *post brandones* , c'est-à-dire le premier vendredi de Carême ; (¹) un autre, le 9 mai ; le troisième, le 29 septembre ; le dernier, le 6 décembre. Son frère Richard avait droit à un obit le 21 mai.

22° GERVAIS CHRÉTIEN, né à Vendes, près de Caen, de parents pauvres, fut chargé dans sa jeunesse, par le seigneur de sa paroisse, de conduire quelques lévriers à Charles, Dauphin de France, depuis, Charles V. Le prince, charmé de ses heureuses dispositions, le fit étudier à Paris, au collége de Navarre. Chrétien devint par son mérite Chanoine de Bayeux et de Paris, premier Physicien (médecin), et, plus tard, Aumônier du Roi, son bienfaiteur. En 1370, il fonda à Paris, pour l'éducation des pauvres écoliers de son pays, le collége royal de Notre-Dame de Bayeux, appelé aussi, collége de Maître Gervais. Il donna une terre au Chapitre de Paris, pour la fondation de son obit, que l'on y célébrait le 10 mai. Chancelier du Chapitre de Bayeux, il fonda, en 1387, les processions que l'on faisait dans la nef de la Cathédrale, aux premières et aux secondes vêpres des fêtes de la Ste-Vierge, de Noël, de Pâques, de l'Ascension, de la Pentecôte, de la Trinité et du St-Sacrement. Gervais Chrétien fut enterré au bas de la nef, du côté gauche, devant la statue de la Vierge. On célébrait son obit le 10 du mois de mai.

23° OLIVIER CONSEIL, Sous-Chantre, Chanoine de St.-Patrice, appartenait à une noble famille, originaire d'Italie, qui vint s'établir à Bayeux, au xv° siècle ; elle y compte encore des descendants. Plusieurs membres de cette famille possédèrent à la Cathédrale des dignités ou des prébendes, et

---

(¹) Le premier dimanche de Carême était appelé le dimanche *des brandons*, à cause des torches de paille ou de sapin que les paysans avaient coutume de porter ce jour-là, autour de leurs vergers.

attachèrent leur nom à des fondations. Il ne faut pas confondre, comme l'a fait l'abbé Beziers, celui dont nous parlons ici, avec un autre, Olivier Conseil, Chancelier et Chanoine de Landes, inhumé dans la Chapelle St.-André. Olivier Conseil, Sous-Chantre et Chanoine de St.-Patrice, fut inhumé au bas de la nef, du côté droit, devant l'*Ecce homo* (¹) ; on célébrait son obit le 13 avril. A l'une des processions du Carême, celle qui se faisait à St.-Patrice, le mercredi après le dimanche de la Passion, on chantait pour le repos de son âme l'antienne *Alma Redemptoris*, suivie du *De profundis* et du *Requiescat in pace*. Aujourd'hui, la station a lieu dans l'intérieur de la Cathédrale, à la Chapelle Notre-Dame, et l'on y récite encore les prières prescrites par l'acte de fondation. Seulement on a substitué à l'oraison *pro sacerdote*, l'oraison *pro benefactoribus*. Olivier Conseil vivait au commencement du xvie siècle.

24° **J.-BAPTISTE PESCHARD**, né à Vire, fils d'un procureur au bailliage, docteur de Sorbonne, Chanoine de St^e.-Honorine en 1694 ; Chancelier en 1699 ; un des six Grands-Vicaires nommés par le Chapitre en 1715, après la mort de Mg^r de Nesmond, official en 1722. Partisan secret du jansénisme, il n'eut pas plutôt appris la nomination de Mg^r de Lorraine, favorable comme lui aux nouvelles opinions, qu'il essaya de les propager. Son prosélytisme rencontra dans le Chapitre une vive opposition ; il continua de jouer un rôle scandaleux, dans les troubles qui éclatèrent sous l'Episcopat de Mg^r de Lorraine ; il rentra dans l'obscurité, à la mort de ce prélat, et mourut lui-même en 1730. Le Chapitre

---

(¹) Il y avait alors au bas de la nef, à l'endroit où sont maintenant les bénitiers, deux statues en terre cuite, représentant l'une, J.-C. après la flagellation ; l'autre, Notre-Dame de Pitié, appelée aussi Notre-Dame de la fabrique, parce qu'elle était placée au-dessus du tronc de la fabrique.

refusa d'assister à ses obsèques, qui furent célébrées sans pompe, par les officiers du Bas-Chœur. Il fut cependant inhumé aux pieds de l'*Ecce homo*, à l'entrée de la Cathédrale.

25° **JEAN DE MONTAUBAN**, Pénitencier en 1590, Chanoine des Essartiers, mort le 17 juin 1629, fut inhumé dans la nef; on y faisait la procession le 17 juin, jour de son obit.

26° **PIERRE ERNOUF** et **JEANNE LE LONG**, sa femme, Bourgeois de Bayeux; ils avaient fondé la procession que le Chapitre faisait le lundi de la Semaine Sainte au couvent des Augustins; c'était aussi le jour où l'on célébrait leur obit. Leur fondation est antérieure à l'année 1586.

27° **SÉBASTIEN CORBET**, originaire du Diocèse de Séez, Archidiacre de Bayeux et Chanoine de Port, mourut le 15 juillet 1616. Il avait légué au Chapitre un petit domaine qu'il possédait à St.-Exupère, nommé les Quatre-Haies, pour y établir une maison de santé en faveur des convalescents. On célébrait son obit le jour anniversaire de sa mort.

28° **THOMAS KINGSTON**, soldat Anglais, inhumé à l'entrée de la nef, auprès du tronc de la fabrique. On célébrait son obit le 26 mai. « *Cum processione, et toto luminari pauperum, in Navi, juxta truncum fabricæ.* »

29° **HUGUES II**, fils de Raoul, comte de Bayeux, était Evêque de cette ville à la fin du xe siècle; il jeta les premiers fondements de la Cathédrale, mourut en 1049, et fut inhumé près de la pyramide septentrionale contre le mur; son tombeau de marbre et les ornements qui le décoraient ont été détruits.

30° **PHILIPPE DE HARCOURT**, Evêque de Bayeux en

1142, restaura la Cathédrale, ravagée par un incendie en 1106. Il fut inhumé au pied de la tour du septentrion, en 1163. On voit encore son tombeau de marbre gris, sans aucune inscription, contre la Chapelle de St.-Gilles. Je n'ai point trouvé son obit dans le calendrier du Nécrologe, bien qu'il soit indiqué (fol. 66) comme devant être célébré dans le mois de février.

31° **RICHARD II**, fils de Samson, seigneur de Douvres, et Evêque de Bayeux, mort en 1133, fut inhumé sous la tour du midi, où l'on voit encore l'arcade qui surmontait son tombeau; on célébrait son obit le 1er avril.

32° **ISABELLE DE DOUVRES**. On connaît les deux distiques latins gravés sur la tour méridionale, et la traduction burlesque qui en fut faite par M. de Senecé, chambellan de la Reine Marie-Thérèse :

Quarta dies Paschæ erat, (sic) cùm clerus ad hujus
  Quæ jacet hic vetulæ venimus exequias;
Lætitiæ que diem magis amisisse dolemus
  Quàm centum tales si caderent vetulæ.

———

La vieille femme à maître Jacques
Trépassa le beau jour de Pâques.
Pour la fourrer ici dedans,
En ce temps de réjouissance,
Il nous fallut, malgré nos dents,
Tronquer un repas d'importance;
Onc ne le pûmes achever,
Dont deuil plus cuisant nous opile,
Que si nous avions vu crever
Toutes les vieilles de la ville.

Il résulte des termes dans lesquels est conçue cette singulière épitaphe, que la personne qui en est l'objet mourut dans un âge avancé, et qu'elle fut enterrée le mercredi de Pâques, au pied de la tour. L'abbé Beziers suppose que cette femme pourrait être Isabelle de Douvres, maîtresse de Robert, comte de Glocester, sœur de Thomas, archevêque d'Yorck, et de Richard II, Evêque de Bayeux. En effet, le Nécrologe fixe son obit au 24 avril, ce qui insinue que ce jour fut tout au moins voisin de son décès. Or, en 1166, Pâques arrivait le 24 avril. Il faut avouer que cette date se rapporte assez bien au temps où a vécu Isabelle de Douvres, et à celui où elle a pu mourir. Quoiqu'il en soit, je ne puis laisser passer sans protestation les doléances gastronomiques, que la malignité du traducteur ajoute à son texte, par forme de commentaire. Le poète latin regrette qu'une cérémonie funèbre soit venue traverser et attrister les solennités Pascales. Il a été contrarié d'employer un jour de joie à chanter l'office des morts; mais on ne voit pas que l'incident qu'il déplore ait interrompu le moindre festin. Ce qui est beaucoup plus clair, c'est que la personne inhumée au pied de la tour ne lui inspirait pas un profond respect, et que, cependant, le Clergé fut obligé d'assister à ses funérailles. Ceci vient à l'appui des conjectures émises par l'abbé Beziers.

L'inscription latine, qu'il est assez difficile de lire aujourd'hui, est placée au midi, sur un des contreforts de la tour, à sept ou huit pieds au-dessus du sol. M. Lambert l'ayant fait relever avec une grande exactitude, j'ai pu me convaincre que le premier vers est réellement boiteux. L'abbé Beziers a donc eu tort de remplacer *erat* par le mot *fuerat*, qui d'ailleurs fait un sens vicieux. Si l'on voulait rétablir la mesure, je proposerais plutôt : *Quarta dies Paschalis erat*.

CHAPELLES.

A la fin du xviiie siècle, il y avait à la Cathédrale, autour du Chœur et de la Nef, vingt-quatre chapelles où l'on célébrait le St-Sacrifice. On les appelait anciennement *sacrariœ*, parce qu'avant les ravages de 1562, la plupart d'entre elles possédaient des reliques, que l'on vénérait pendant les *stations* qui se faisaient à ces chapelles. Quand les reliques eurent été pillées, on y substitua le livre des Evangiles, que l'on baise encore aujourd'hui dans les fêtes solennelles, à la fin de la station. La plupart de ces chapelles avaient un revenu fixe, et constituaient de véritables bénéfices, auxquels le Chapitre nommait de plein droit. Les unes étaient *électives*; c'est-à-dire que le Chapitre y nommait en corps, par voie d'élection; les autres étaient *tournales*, c'est-à-dire que le Chapitre y nommait, par l'intermédiaire du chanoine en semaine.

Les Chapelains étaient tenus d'acquitter un certain nombre de messes par an; ils avaient part aux distributions du Chœur. On lit dans Forget (¹) : « Tout ainsi que les chapelains sont tenus rendre honneur et service aux chanoines leurs supérieurs, eux de leur part ne doivent tomber en mépris de leur personne, ains les estimer, comme membres de leur corps, ni denier à iceux tous bons et loyaux offices de paternité; au contraire, les associer et rendre participans de quelques commodités temporelles. Cela incita la cour du Parlement d'ordonner, par son arrêt du 28 août 1539, contre le Doyen et Chanoines de l'Eglise Cathédrale de Bayeux, que les Chapelains d'icelle Eglise prendraient part et portion aux distributions des obits et heures de ladite Eglise. » Cependant,

(¹) *Traité des personnes et des choses ecclésiastiques.*

quatre d'entre eux, celui de Ste-Trinité, de Tous-les-Saints, de St-Pierre *in pontificalibus* et de Saint-Gilles, ne recevaient aucune gratification du Chapitre, mais seulement de l'Evêque, qu'ils accompagnaient et servaient à l'autel : « *Dicuntur hi capellani astare Episcopo in cornu altaris.* » C'est ce que font encore les chapelains épiscopaux. Aujourd'hui, le mot *chapelle* désigne une partie distincte de l'édifice, où l'on célèbre les Saints Mystères ; autrefois, il désignait également la fondation elle-même. Il y avait donc autant de chapelles nominales que de fondations et de chapelains ; mais, comme le nombre des autels n'était pas en réalité aussi considérable que celui des fondations, on se trouva forcé d'imposer plusieurs vocables à la même chapelle ; treize d'entre elles se trouvaient dans ce cas. Enfin, on attachait quelquefois deux chapelains au même autel, sous le même titre : « *pro majori et minori parte.* »

CHAPELLE DE NOTRE-DAME.

Derrière le Chœur

(c)

J'ai montré plus haut que la fondation de la chapelle Notre-Dame remonte au commencement du XIIIe siècle, et non à l'année 1170, comme quelques-uns l'ont pensé [1]. Les fondateurs de cette chapelle furent l'Evêque Henri II, Richard de St-Amand, Grand-Doyen, Henri, Chantre, et Jean, Trésorier. Le premier donna aux chapelains l'Eglise Ste-Anne de Caen, avec ses dépendances et ses revenus ; les trois dignitaires du Chapitre leur assignèrent chacun 40 sous de rente,

[1] V. page 29, l'origine de la Confrérie des chapelains de Notre-Dame, appelée aussi la *Confrérie des pauvres*.

monnaie d'Angers. En 1220, les chapelains de Notre-Dame cédèrent l'Eglise Ste-Anne aux chanoines du St-Sépulcre de Caen, moyennant 10 livres de rente. Il y avait douze portions à l'autel Notre-Dame ; « *duodecim beneficia, quœ vocantur portiones seu prœbendulœ.* » (Livre Pelut). Elles étaient conférées en Chapitre, par voie d'élection. Les titulaires étaient choisis parmi les enfants du Candélabre, qui avaient terminé leur service, « *post impletos in musicœ cantu annos.* » ils devenaient à leur tour les instituteurs de ces enfants; l'un était chargé de leur enseigner la grammaire, et un autre le chant.

En 1414, le Chapitre obtint du Pape Jean XXIII une bulle, datée du 14 des Calendes de janvier, qui déférait exclusivement au Chapitre la nomination des douze chapelains, et ôtait aux titulaires le droit de *résignation*. Ce privilége fut attaqué plusieurs fois, et maintenu par arrêt du parlement. Les obligations des chapelains de Notre-Dame ont varié avec le temps. J'ai déjà parlé, à l'occasion de leur Confrérie, de la messe qu'ils étaient tenus de célébrer tous les jours avant Prime, et des quatre messes de la Confrérie des pauvres. Celles-ci devaient être dites au commencement de chacune des quatre petites heures, — Prime, Tierce, Sexte, None, — « et ce, sur peine de payer 5 sols d'amende, par les défaillans de ce faire. » Je passe sous silence d'autres fondations, dont le détail serait aujourd'hui sans intérêt. Au xviiie siècle, les fonctions des Chapelains se réduisaient à une messe chantée quatre fois par semaine, après Matines; la messe avant Prime avait été supprimée. Il est bon de remarquer, en passant, que certains manuscrits placent la Chapelle de l'abside sous l'invocation de **NOTRE-DAME** et de **St.-MANVIEU**. Quant au Vocable de **Ste.-CROIX**, que lui attribue l'abbé Beziers, nous ne l'avons trouvé nulle part ; c'est l'autel des féries « *retrò majus altare* » qui porta ce titre dans l'origine.

Sépultures

33° **ZANON DE CASTIGLIONE**, originaire du Milanais, Evêque de Bayeux en 1434, mort en 1459, a été inhumé au milieu de la Chapelle Notre-Dame. Il avait fondé quatre obits, que l'on célébrait le 15 mars, le 28 juin, le 11 septembre, et le 27 novembre.

34° **PIERRE DE MARTIGNY**, originaire du duché de Ferrare en Italie, nommé évêque de Bayeux en 1531, mourut cette même année, dans son abbaye de St.-Etienne de Caen, avant d'avoir pris possession de son évêché. Il fut inhumé à Caen, dans la chapelle Notre-Dame, derrière le chœur; mais, suivant le désir qu'il en avait exprimé par son testament, son cœur fut apporté à Bayeux dans une boîte de plomb, et déposé dans le tombeau de Zanon de Castiglione.

35° **AMBROISE LE GAUFRE**, originaire du Maine, Official de Caen, Vicaire-Général de Mgr d'Angennes, Archidiacre des Vez en 1605, Trésorier en 1609, Chanoine de Castillon en 1610, mourut en 1635, et fut inhumé à l'entrée de la Chapelle Notre-Dame, du côté de l'Evangile. Nous avons son épitaphe dans les manuscrits de l'abbé Beziers ; en voici quelques extraits :

> Optimæ vitæ,
> Raræ indolis,
> Felicitatis eximiæ,
> Felicis exitûs speculum.
>
> ——
>
> Hunc Suada alumnum,
> Themis ministrum,
> Pietas sacerdotem agnovit;
> Religio defensorem,
> Ecclesia Bajocensis singulare ornamentum suspexit.

On célébrait son obit le 23 novembre, avec procession au lieu de la sépulture. Il fit peindre par Hersant du Ronceray, de Bayeux, les fresques qui surmontent le lambris de la Chapelle. Il paraît que ce sont des copies du célèbre Callot.

36° **JACQUES JOSSET**, originaire de Vernon, reçu Docteur en Théologie en 1697, Chanoine d'Amayé en 1694, Grand-Pénitencier en 1711, mourut en 1738, et fut inhumé dans la Chapelle Notre-Dame, près de la sacristie [1]. Il donna au Chapitre un ornement complet, ainsi que sa bibliothèque. Il ne faut pas le confondre avec **ADJUTOR JOSSET**, son oncle, Docteur en Sorbonne, Chanoine de Barbières et Sous-Doyen de Bayeux. Son nom se trouve dans le petit Obituaire de 1783 ; on célébrait alors une messe pour le repos de son âme le 26 avril.

37° **JEAN-BAPTISTE DE ROCHECHOUART**, Duc de Mortemart, Pair de France, mourut à Bayeux chez Mgr de Rochechouart, son parent, le 16 janvier 1757, et fut inhumé dans le tombeau de Zanon de Castiglione. Le cercueil du prélat était en pierre ; on y trouva ses ossements, une certaine quantité de plantes aromatiques, assez bien conservées, et la boîte de plomb qui renfermait le cœur de Pierre de Martigny. Cette tombe fut recouverte d'une pierre de marbre, sur laquelle on lisait l'inscription suivante, attribuée à M. Le Beau, secrétaire perpétuel de l'Académie des inscriptions et belles-lettres :

D. O. M.
Hic jacet
Joannes Baptista DE ROCHECHOUART,
Dux de Mortemart,
Par Franciæ,

[1] Cette sacristie, que l'on voyait encore derrière l'abside, au commencement du siècle, était placée du côté gauche.

Princeps de Tonnay-Charente ;
clarus militiâ, brevi quidem ob valetudinem,
sed tamen illustri,
quia felici et periculosâ.
Effusus in egenos nobili prodigentiâ
largitiones cumulavit, nobiliori silentio
bis munificus.
Inter patres, conjuges, amicos optimos,
pater, conjux, amicus
optimus.
Comis erga omnes et commodus,
integritate morum et intemeratâ fide
nulli secundus,
spiritu magno vidit
ultima.
Obiit Bajocis,
idibus januarii, anno salutis 1757,
ætatis 75.
Præsul dignus amicus,
Canonici invictâ religione insignes,
filius mœrens
hocce monumento parentârunt.

Par reconnaissance pour les honneurs funèbres que le Chapitre avait rendus à l'illustre défunt, le Duc de Mortemart, son fils, donna à la Cathédrale un Suspensoir d'argent, du poids de 32 marcs, pour y conserver la Sainte Hostie. Cette Custode fut placée au-dessus de l'autel, le 25 janvier 1758, la veille du service anniversaire de M. de Rochechouart. Hélas! Le Prince a eu le même sort que les deux Prélats qui lui avaient accordé l'hospitalité de la tombe, et dont on lui avait sacrifié la mémoire; sa fastueuse inscription a disparu comme la leur, dont elle avait pris la place; et, aujourd'hui, on lit sur la pierre qui occupe le milieu de la chapelle, le nom d'un obscur chanoine, Robert Fabri, inhumé dans le transept du nord; on ne saurait trop déplorer de pareilles substitutions.

CHAPELLES.

Autour du Chœur. — Du côté du midi.

CHAPELLE DE SAINT-ÉLOI.

(E)

Le chapelain de St-Eloi était chargé originairement d'acquitter une messe chaque semaine; plus tard, sa charge fut réduite à une messe par mois; il était nommé par le chanoine en semaine. L'abbé Beziers, dans l'édition qu'il a donnée du livre Pelut, a substitué à la chapelle St-Eloi la chapelle St-Gilles, et réciproquement. D'autre part, un mémoire manuscrit du xviie siècle, recueilli par l'abbé Beziers, supprime la chapelle St-Eloi, et y substitue la chapelle St-Gilles, qui se trouve ainsi répétée deux fois.

Enfin, cette erreur, qui a sa source dans la ressemblance des mots latins *Ægidius* et *Eligius,* a pris au xviie siècle une forme sensible, qui aura contribué à la répandre; je veux parler des deux fresques modernes, placées à droite et à gauche de l'autel, et dont l'une représente un Evêque, le véritable titulaire, l'autre St-Gilles, abbé, en costume religieux. Il n'en est pas moins certain, 1° que cette chapelle a toujours eu pour patron Saint-Eloi, ainsi que l'attestent le Pouillé du xive siècle et plusieurs autres Manuscrits, la légende peinte anciennement sur le rétable, et l'inscription plus moderne placée contre le pilier; 2° qu'il n'y a jamais eu qu'un autel dédié à St-Gilles, et que cet autel était placé sous la tour du nord. L'autorité du livre Pelut est décisive en cette matière, et l'édition de l'abbé Beziers ne saurait rien prouver, du moment qu'elle est en contradiction avec la copie que l'on conserve à la bibliothèque du Chapitre.

Sépulture.

38° **ROBERT DE MATHAN**, Archidiacre d'Hyesmes, Chanoine de Vaucelles, originaire de Longvillers, au diocèse de Bayeux, Docteur de Sorbonne. Il avait choisi sa sépulture dans la chapelle Saint-Eloi, décorée à ses frais, et fondé son obit en 1651. On peut donc rapporter à cette époque les deux fresques dont j'ai parlé plus haut. On célébrait l'obit de Robert de Mathan, le 27 juillet.

CHAPELLE DE St.-MICHEL ET St.-BLAISE.

(G)

Il n'y avait qu'un bénéfice d'attaché à cette Chapelle. Le Chapelain, nommé par le Chapitre, devait une messe par mois, et une aux trois fêtes de St.-Michel. Dans le livre Pelut, cet autel est placé sous le patronage de St-Michel et et de St.-Blaise; le Mémoire de 1681 nous apprend que, dès cette époque, le Vocable de St.-Blaise avait été supprimé. On a découvert, en 1843, au milieu de l'arcature qui règne autour de cette Chapelle, deux fresques du xve siècle, décrites par M. G. de Villers dans le 2e volume des Mémoires de la Société. La même année, on déposa sous l'autel le corps du martyr St.-Eutychius, récemment tiré des catacombes, et donné à Mg^r Robin par Sa Sainteté le Pape Grégoire XVI.

Sépulture.

39° **JACQUES AUVRAY**, Prêtre, licencié en droit, mort en 1680, fut inhumé auprès de la Chapelle de St.-Michel; on y faisait la procession le 23 février, jour où l'on célébrait son obit.

CHAPELLE DES Sts-INNOCENTS.

(I)

La Chapelle des Sts-Innocents était *Élective* ; on y célébrait deux messes chaque mois, et une le jour St.-Anne.

Sépultures.

40° **GODEFROY DE LOCHES**, Chanoine, Sous-Chantre ; on célébrait son obit le 20 juillet.

41° **PIERRE BARBEY**, Chanoine ; on célébrait son obit le 9 août.

CHAPELLE DE St.-ANDRÉ ET St.-LÉON,

(K)

La Chapelle St.-André était *Tournale* ; le titulaire devait acquitter cinquante messes par an. La Chapelle de St.-Léon était *Élective* ; le Chapelain devait acquitter une messe par semaine. La Chapelle de St.-Léon fut fondée le 28 avril 1525 par Léon Conseil.

Sépultures

42° **LÉON CONSEIL (LEONE CONSIGLIO)**, originaire d'Italie, fondateur de la Chapelle où il fut inhumé, Chanoine de St.-Pierre, et, successivement, d'Audrieu et d'Arry ; Chancelier, Vicaire-Général sous l'épiscopat du cardinal de Prie, doyen du St.-Sépulcre de Caen. En 1499, il avait donné à la Cathédrale une tapisserie estimée mille livres, qui servait à orner les siéges du chœur, et le trône épiscopal, les jours de grande fête. Elle représentait les mystères auxquels la St^e-Vierge a eu part ; elle était en laine, et faite à l'aiguille. Léon Conseil y était représenté à genoux, revêtu d'une robe rouge et d'un surplis ; au-dessous on lisait : *Leo Conseil Cancella-*

rius Ecclæ Bajocensis. Il donna en outre un coffre pour renfermer sa tapisserie, une rente de vingt livres pour ceux qui seraient chargés de la tendre, et de veiller à sa conservation; enfin, une pomme d'argent pour chauffer, pendant l'hiver, les mains du célébrant. Il était du nombre des vingt-deux chanoines, dont le nom fut gravé sur la fameuse cloche, fondue en 1499, par ordre de Mg^r de Neufchâtel, et qui avaient contribué à la dépense. Sa mort n'est point arrivée en 1526, comme le dit Hermant; car, en 1528, il donna une terre au Chapitre, pour que la fête de l'Annonciation et celle de la Conception fussent célébrées, à perpétuité, *de stallo altiori* ([1]); chacun de ces deux jours, on distribuait, en son nom, la somme de onze livres, à titre de *conredus* ([2]). On célébrait son obit la veille de l'Annonciation.

43° **OLIVIER CONSEIL**, Chancelier, chanoine de Landes, en 1505.

44° **PIERRE CONSEIL**, neveu du précédent, Chanoine de St.-Laurent; on célébrait leur obit en commun le 17 janvier.

45° **CHARLES CONSEIL**, Chanoine d'Esquay; on célébrait son obit le 8 février. Il a donné à la Bibliothèque du Chapitre un fort beau Missel manuscrit, qui porte son nom et les armes de sa famille. Elles sont de gueules, à croix d'argent fleurdelisée; cantonnées à dextre, d'une rose d'argent, et, à sénestre, d'une coquille d'argent.

46° **HENRI ORESME**, Chanoine, frère de **NICOLAS ORESME**, Evêque de Lisieux. Le premier, qui nous a conservé les vers de la Couronne, fut inhumé dans la Chapelle

([1]) V. page 9.
([2]) V. Page 35.

de St.-André, *ad latus altaris* ; on célébrait un obit en commun pour les deux frères, le 5 septembre.

47° **CLAUDE DE LA BROYSE**, Écolâtre, Licencié en droit, Official de Bayeux, originaire du diocèse d'Avranches, avait fondé son obit en 1662 ; il fut inhumé dans la Chapelle de St.-André. On y allait en procession le 5 juillet, jour de son obit.

48° **JEAN PATYE**, Chanoine de Cambremer. En 1743, le fabricier fit enlever une plaque de cuivre attachée à l'un des piliers du chœur, au-dessus de la fenêtre qui éclaire la crypte, devant la Chapelle St.-André, et sur laquelle on lisait l'épitaphe suivante : « Cy devant repose le corps de noble et discrepte personne, maistre Jehan Patye, prestre, en son vivant, chantre ordinaire de la chapelle du Roy, notre sire, et chanoine de céans, en la prébende de Cambremer, et curé de Longdemieres, Diocèse de Rouen, et de Romport-sur-Seine, Diocèse de Sens ; lequel trépassa, et rendit son ame à Dieu, en cette ville, le onzième d'Août 1540 ; priés Dieu pour son ame : Amen. *Pater noster.* » Au-dessus de l'épitaphe, étaient représentés, le Chanoine à genoux au pied de la Vierge, et, derrière lui, St-Jean, son patron, revêtu d'un cilice de poil de chameau. Il paraît que les proportions gigantesques du saint précurseur, et son accoutrement sauvage, grossièrement imité par le burin, lui donnaient un aspect farouche, et même, un faux air de ressemblance avec Satan. Le peuple s'y trompa ; de là, cette fable ridicule, qui fait voyager le Chanoine Jean Patye, à travers la Méditerranée, sur le dos du malin Esprit. Le motif du voyage aurait été une pénitence annuelle, imposée par le Pape Nicolas I, au Chapitre de Bayeux, en punition d'un meurtre sacrilége, celui de l'Evêque Baltfrid. Heureusement, pour l'honneur du Chapitre, l'histoire atteste que Baltfrid fut massacré par les Normands, en 858. La légende du chanoine de Cambremer, attribuée aux Protestants, mais dont l'auteur avait gardé l'anonyme, n'en obtint pas moins un immense succès ; et, comme la gravure, qui surmontait l'épitaphe du Chanoine, servait de point d'appui à la crédulité populaire, on crut devoir la soustraire aux regards ; elle fut transportée dans la salle du Chapitre.

CHAPELLE DE LA CONCEPTION.

(M)

Le livre Pelut ne fait pas mention de cette chapelle, parce qu'au XIVe siècle elle ne possédait aucun bénéfice. L'abbé Beziers ne l'a pas comprise dans le dénombrement qu'il a donné des chapelles de la Cathédrale, parce qu'à l'époque où il écrivait, elle avait été transformée en sacristie ; mais il en est question plusieurs fois dans l'Obituaire. De plus, deux mémoires, l'un de 1681, que j'ai déjà cité, l'autre, sans date, mais évidemment plus ancien, placent la chapelle de la Conception du côté du midi, immédiatement au-dessus du transept, et au-dessous de la chapelle St-André. La chapelle de la Conception occupait donc autrefois la place qu'occupe aujourd'hui la sacristie de la Paroisse. On l'appelait aussi la chapelle des Heuriers. « *Capella Conceptionis B. M. pro 12 horariis Capellanis, sine titulo* ». [1] Ils y célébraient des offices distincts des offices du Chœur. Ainsi, par exemple, Tenneguy de Bardouil avait légué 60 sols de rente aux Heuriers, à condition qu'ils chanteraient tous les ans, le premier mardi de novembre, une messe du Saint nom de Jésus, avec diacre et sous-diacre (fol. 94). Ce fut au XVe siècle, que Roland des Talents, Chanoine du Locheur, restaura cette

[1] Mémoire de 1681.

chapelle, en l'honneur de la Conception de la Très-Sainte-Vierge. Nous savons par l'Obituaire qu'il y fut inhumé, ainsi que son frère Antoine; et nous y avons trouvé leur tombe, avec une partie de leur épitaphe, sous le parquet de la sacristie.— Il ne peut donc y avoir aucun doute sur la place que l'on doit assigner à la chapelle de la Conception. Dès le xve siècle, l'abbé des Talents et son frère y avaient fait construire une sacristie ou vestiaire, pour la commodité des chapelains auxquels elle était affectée; cependant, elle n'en conserva pas moins le titre de chapelle : ce fut comme chapelle, et non comme sacristie, que les deux bienfaiteurs la dotèrent et la restaurèrent; et, à la fin du xvie siècle, on y venait encore en Station, à certains obits. Dans le xviie siècle, on en fit une double sacristie, et les offices que l'on y célébrait furent transférés à l'autel de St-Sébastien.—« *Pro utilitate sacerdotum, in communem Sacristiam duas in partes divisa est; una pro Dignitatibus et Canonicis applicata, altera pro cæteris Presbyteris Ecclesiæ apposita.* » (¹) Une ouverture de forme rectangulaire, pratiquée dans le mur qui sépare la sacristie de la galerie correspondante, et dont on voit encore la trace, remonte sans aucun doute à l'époque de ce partage; elle prouve que les deux sacristies étaient distinctes, et que chacune avait son entrée.

Sépultures.

49° **ROLAND** et **ANTOINE DES TALENTS**, frères, originaires de Milan; le premier, Chanoine du Locheur et Sous-Doyen; le second, Chanoine d'Arry (²). Ils ont été inhumés dans une tombe commune, que recouvre une pierre magnifique de 3^m 33^c de long sur 1^m 62^c de large. Cette

(¹) Mémoire de 1681.
(²) V. dans les Mémoires de la Société —1852— la Notice que j'ai publiée sur la vie et les ouvrages de Roland.

pierre a conservé la trace de deux effigies, couronnées de pinacles, et tournées vers l'orient. A l'angle S.-O., qu'une armoire a protégé, et couvre encore aujourd'hui, on lit les sept derniers mots de l'Epitaphe suivante, recueillie par Hermant. Hic jacent Magistri Rolandus Subdecanus et Antonius de Talentis, fratres, Mediolanensis Dioecesis, canonici hujus venerabilis Ecclesie, qui dotaverunt et reparare fecerunt Capellam istam in honorem Conceptionis Beatissime Virginis Marie; qui obierunt, videlicet prefatus Subdecanus, anno Domini millesimo ccclxxm°, septima feria mensis maii, et prefatus Antonius, anno Domini millesimo ccclxxvm°, die xv januarii. Oretis pro animabus illorum. On célébrait l'obit de Roland, le 3 mai, et celui d'Antoine, le 15 janvier.

50° **URSIN TYBOUT**, Chanoine, Ecolâtre, Professeur de Théologie — xvie siècle —; on célébrait son obit le 29 juillet.

51° **REGINALD DE MARMAIGNE**, Chanoine — xvie siècle —; on célébrait son obit le 3 mars.

Transept méridional.

CHAPELLE DE S^T-NICOLAS ET DE S^T-THOMAS DE CANTORBÉRY.

(o)

Il y avait deux portions d'attachées à l'autel St.-Nicolas. Le Chapelain de la première (*pro majori parte*), acquittait une messe par semaine, et celui de la seconde (*pro minori parte*), une messe par mois; ils étaient nommés l'un et l'autre par le Chanoine en semaine; la Chapelle St.-Nicolas existait en 1452.

Les Statuts capitulaires, du 25 juillet 1412, parlent de la même chapelle comme étant dédiée à St-Thomas de Cantorbéry Le chapelain était à la nomination du chanoine en semaine; il acquittait cent quatre-vingt-deux messes par an, et percevait un revenu de plus de 200 livres.

Sépultures.

52° **JEAN DE LARCHAMP**, Ecuyer; on célébrait son obit le 7 mars, avec tout le luminaire de la Confrérie, que l'on plaçait sur la sépulture.

53° **JACQUES BAGNOLS**, Chanoine d'Esquay, mort en 1713. Il était neveu de Michel Bagnols pénitencier, inhumé dans la chapelle de l'Annonciation.

CHAPELLES.

Nef. — Galerie méridionale.

CHAPELLE DE S$_T$-SÉBASTIEN, DE S^T-PIERRE ET S^T-PAUL, DE S^{TE}-RADEGONDE, DE S^T-GERBOLD.

(Q)

Anciennement, la Chapelle de St-Sébastien était sans charges et sans revenu. Au XVIIe siècle, les Officiers du Bas-Chœur et les Enfants du Candélabre y chantaient tous les lundis, en mémoire de St.-Sébastien, une messe fondée en 1607, par noble demoiselle Françoise de Harcourt, fille de Guy de Harcourt, Baron de Beuvron. Le jour de la fête du glorieux martyr, la messe était chantée solennellement, en présence des dignitaires et des chanoines. Ce fut aussi à l'autel de St.-Sébastien que l'on transféra l'office des Heuriers, lorsque leur Chapelle (celle de la Conception) fut changée en sacristie. On lit dans un ancien manuscrit : « St-Sébastien. En cette chapelle, sont trois chapelles, fondées, l'une en l'honneur de M^r St.-Paul [1], dont le chapelain doit, par chacune semaine, deux messes; laquelle est en la donation du sepmainier; l'autre, en l'honneur de Mme St^e-Radegonde, dont le chapelain doit demy année, qui sont quatre messes en une sepmaine, et trois en l'autre; laquelle chapelle est en la donation du Chapitre en communauté. La tierce est fondée en l'honneur de M^r St.-Gerbold, dont le chapelain doit une messe par sepmaine, et est ladite chapelle en la donation du sepmainier » cette dernière avait 100 livres de revenu.

Sépultures.

54° **BERNARD LE MAIGNAN**, Chantre de la chapelle du Roi et de la Cathédrale de Bayeux, en 1573; mort en 1589. En creusant sa sépulture, dans la chapelle de Saint-Sébastien, on découvrit un sarcophage en pierre, dans lequel on déposa son cercueil.

Il avait fondé en l'honneur de Ste-Geneviève une messe, que l'on acquittait le 3 janvier. La fabrique, à laquelle il avait donné son bâton cantoral en argent massif, faisait célébrer son obit le 24 octobre.

55° **CHARLES TILLIARD**, Chanoine, Sous-Doyen, fut inhumé, en 1595, à côté du précédent, dans un second sarcophage que l'on découvrit à cette occasion. M. Potier, auquel nous devons ces détails, dit que l'on a toujours ignoré

---

[1] Le livre Pelut ajoute le vocable de *St.-Pierre* à celui de *St.-Paul*.

le nom des deux grands personnages auxquels la chapelle St-Sébastien avait primitivement servi de sépulture.

CHAPELLE DE St-JULIEN ET DE St-EXUPÈRE.

(s)

Elles étaient l'une et l'autre *Electives*, et devaient une messe par semaine.

Sépulture.

56° **JEAN-BAPTISTE HUE-DELAUNAY**, originaire du Diocèse de Coutances. Docteur de Sorbonne, en 1666 ; Curé de N.-D. de Caen, où il eut de fréquentes controverses avec les ministres protestants, Bochard, du Bosc et Morin, il ramena à la foi catholique un grand nombre de réformés. Prédicateur distingué, Vicaire-général de M. de Nesmond, Sous-Doyen du Chapitre en 1674, successivement Chanoine de Moon et de Pezerolles, Grand-Pénitencier et Archidiacre de Caen en 1680, Trésorier en 1698, il fut un des six Grands-Vicaires nommés par le Chapitre en 1715, pendant la vacance du Siége. Injustement disgracié par Mgr de Lorraine, il se démit de son canonicat en 1719, et mourut chez son frère, seigneur de Mutrecy, trois ans après. Sur la demande du Chapitre, son corps fut transporté à Bayeux, et inhumé en face de l'autel St-Exupère. Il a laissé plusieurs ouvrages de controverse, fort estimés de ses contemporains.

CHAPELLE DE SAINT-MAUR ET DE SAINTE-MARGUERITE.

(u)

Elles étaient l'une et l'autre à la nomination du Chanoine en semaine, et devaient acquitter, la première, une messe par semaine, la seconde, une messe par mois, et une le jour de Ste-Marguerite. Aujourd'hui cette chapelle est dédiée au Sacré-Cœur de Jésus.

Sépultures.

57° **JEAN DU CHATEL**, originaire de Crépon, Chanoine d'Esquay, Prieur Commandataire de St-Nicolas de la Chesnaye, Vicaire-Général du Diocèse, Trésorier du Chapitre en 1574, rendit d'importants services pendant les guerres de religion. Il contribua à la dépense des stalles, qui furent placées en 1589, fit faire à ses frais l'entrée du chœur, détruite cent ans plus tard avec l'ancien *jubé*; donna pour le maître-autel un parement de velours noir; mourut en 1599, et fut inhumé dans la chapelle Ste-Marguerite, sur les murs de laquelle il était représenté avec son neveu **J. POTIER**. On célébrait un de ses obits le 16 janvier, et l'autre, le 5 mai. Sa famille, d'ancienne noblesse, portait de gueules, au château d'or, maçonné de sable. L'épitaphe qui lui fut dédiée par son neveu est d'un goût très-équivoque; on en jugera par les extraits suivants :

« *Viator, resiste parumper : Sub hoc monumento conditur vir nobilis....... O sors conditionis humanæ, omnibus deflenda, sed ecclesiastico ordini longè flebilior, quæ tàm gravem, tàm necessarium, tàm utilem virum arripuit !... sed tibi Duchastel, nequaquam misera, qui... corporis carcere tanquàm Babylonicâ captivitate liberatus,* ([1]) *Hierusalem cœlestem repetis! Hoc te nolui celatum, viator; perge, et piis ejus Manibus preces pias fundito.* »

58° **JEAN POTIER**, neveu du précédent; d'abord Curé de Litteau, où il était né; Chanoine de Goupillières en 1581,

([1]) Il était mort à 70 ans, nombre d'années égal à celui de la captivité de Babylone.

prieur commandataire de St-Nicolas de la Chesnaye, et Trésorier en 1599, par la résignation de son oncle. Il fonda, conjointement avec Jacques de la Moricière, Grand-Doyen, la procession du jour de la Toussaint, et mourut en 1609. On conserve à la bibliothèque, un manuscrit de M. Potier, relatif aux Antiquités de la ville et de l'Eglise de Bayeux. Il avait aussi rédigé la Chronologie des Evêques de Bayeux, et celle des Hauts-Doyens. Il paraît qu'il fut inhumé à côté de son oncle, dans la chapelle Ste-Marguerite, mais on ne voit pas qu'il ait fondé son obit.

CHAPELLE DE St-CONTEST, DE St-HILAIRE ET DE Ste-HONORINE.

(x)

Ces trois chapelles étaient à la nomination du chanoine en semaine. La première, devait acquitter vingt messes par an; la deuxième, deux messes par semaine; la troisième, une messe par mois. Cette partie de l'Eglise est présentement sous l'invocation de Ste-Philomène, Vierge et Martyre.

Sépultures.

59° **GUILLAUME LABBEY**, Chancelier, et **JEAN LABBEY**, chanoine de St-Germain-de-la-Lieue, frères; — *Honestate morum, religionis studio, pietate erga Deum clari.* — Ils fondèrent leur obit en 1623, moyennant une rente de 60 livres sur leur terre de St-Germain. Ils avaient fondé à la chapelle Ste-Hilaire une messe tous les samedis, pour eux et leur famille, en l'honneur de la très-Sainte-Vierge. On célébrait leur obit le 13 octobre.

60° **GILLES BASLY**, Chanoine de Pezerolles, mort en 1711; il avait donné, en 1702, le crucifix placé entre le chœur et la nef, et qui fut béni solennellement par Mgr l'Evêque, le 23 décembre.

CHAPELLE DE St-CYR ET Ste-JULITTE, DE St-MARTIN, DE St-JEAN-L'ÉVANGÉLISTE.

(z)

La première de ces chapelles était *élective,* et devait vingt-six messes par an.

La deuxième était *tournale,* et devait huit messes par an.

La troisième était *tournale,* et devait une messe par mois.

Sous la tour du Midi.

CHAPELLE DU St-SÉPULCRE.

(œ)

Cette chapelle, située sous la tour meridionale, était à la nomination du Semainier. Le chapelain devait acquitter deux messes par semaine. René Tessier, Chanoine d'Arry, y avait peint en 1647 une fresque représentant la Ste-Famille.

Sépultures.

61° **JEAN DUBREUIL**, Chapelain du Sépulcre, et Curé de Tilly, mort en 1444. On le voit encore sur sa tombe, revêtu d'une chasuble, tenant un calice à la main, et la tête couverte d'un camail. Son épitaphe en lettres gothiques est ainsi conçue :

Cy gist discrette personne Jehan Du Brieul prestre en son vivan chappellain du sepulcre en leglisr de Baieux et cure de tilly qui trespassa lan mil iiii^{cc} iiii^{xx} qtre le xxiiii jour de avril. Dieu lui face pardon a lame. Amen.

62° **JEAN DE VILLAYS**, Sous-Chantre, et Chanoine de Thanis, mort en 1621. L'épitaphe gravée sur le bord de sa tombe est à-peu-près effacée; mais on y voit encore ses armes, et au bas, on lit : « *Sola comes post funera virtus.* »

On célébrait son obit le 15 juin, veille de l'anniversaire de sa mort.

63° **FRANÇOIS LÉONARD**, Chanoine de Vendes. On célébrait, le 22 décembre, son obit fondé en 1553.

CHAPELLES.

Autour du Chœur — Du côté du Nord.

(D)

CHAPELLE DE St-PANTALÉON ET DE St-ANTONIN.

La chapelle St-Pantaléon était *tournale* ; elle devait une messe par mois, et une à la fête du patron. Haymon de Haste, simple Chanoine, mort en 1401, fondateur de douze anniversaires, réduits à un seul dans l'obituaire de 1783, avait fait placer dans la chapelle de St-Pantaléon, un vitrail, qui, sous prétexte de réparations, fut enlevé en 1760. (¹) Le Donateur y était représenté en soutane violette, à genoux aux pieds de la Vierge. On le voyait également dans le vitrail de la chapelle St-Martin, qu'il avait donné conjointement avec un autre Chanoine. Le Nécrologe dit qu'il fut inhumé entre l'autel des Reliques et la chapelle de St-Jean-Baptiste.

Sépulture.

64° **HAYMON DE HASTE**, Chanoine. D'après l'indication qui précède, l'autel des Reliques dont il n'est fait men-

---

(¹) Les années 1760, 61 et 62 furent employées à faire disparaître un grand nombre de vitraux ; notamment, ceux de la Chapelle Notre-Dame qui étaient fort anciens, et représentaient la généalogie et la vie de la Ste-Vierge ; on les remplaça par du verre blanc.

tion qu'une seule fois dans le Nécrologe était voisin de la chapelle St-Jean-Baptiste, et conséquemment de la chapelle Saint-Pantaléon, qui lui est contigue. Or, Haymon de Haste avait décoré la chapelle St-Pantaléon ; il me parait donc assez naturel d'y rattacher sa sépulture, ainsi que l'autel des Reliques, près duquel il avait été inhumé.

Cependant, je ne saurais dire comment cet autel était disposé ; s'il était le même que celui sur lequel on célébrait la messe dans la chapelle Saint-Pantaléon, ou s'il en était distinct (¹). Quant aux Reliques elles-mêmes, il ne saurait être ici question ni de la châsse de Saint-Pantaléon, ni de la châsse de Saint-Antonin enlevées par les Protestants, puisque l'Obituaire ne fut commencé qu'en 1586, vingt-trois ans après le pillage. D'ailleurs, ces deux châsses étaient placées dans le coffre du maître-autel, avec celle de St-Regnobert et celle de St-Raven. (Inventaire de 1476.)

La chapelle de **St-ANTONIN** fut réunie vers le xvie siècle à celle de St-Pantaléon ; nous la trouverons dans un instant à la place qu'elle occupait d'abord.

CHAPELLE DE SAINT-JEAN-BAPTISTE.

(F)

Le chapelain était nommé par le Chapitre en corps ; il devait une messe par mois.

(¹) Je regrette que le défaut de documents précis ne nous permette pas de rattacher d'une manière plus complète le présent au passé ; car la Chapelle St.-Pantaléon, restaurée aux frais d'un de MM. les Chanoines, va devenir incessamment la Chapelle des Saintes Reliques. Un autel en pierre, sculpté d'après les dessins de M. l'architecte Ruprich-Robert, recevra les deux châsses mobiles que l'on expose de temps en temps à la vénération des fidèles.

Sépultures.

65° FRANÇOIS DE CRAMETOT, Chanoine de Bayeux et Curé de St-Georges de Bayeux, dont on célébrait l'obit le 14 de janvier. Il appartenait à une famille noble, originaire de Bayeux, dont le nom primitif était Aubelot. Il était neveu d'Antoine de Crametot, Grand-Chantre de la Cathédrale, et fondateur des Capucins de Bayeux, en 1615. La fabrique de Notre-Dame fait encore acquitter pour lui, ainsi que pour Germain son frère, le 16 de chaque mois, une messe qui est annoncée au prône, le dimanche précédent. Cette messe ne représente pas l'obit du 14 janvier ; elle représente un autre obit, fondé par les deux frères à l'Eglise de la Madeleine, le 30 juin 1642. La rente de cette fondation, qui consistait autrefois en deux boisseaux de froment, payables à la St-Michel, continue d'être servie à la fabrique de la paroisse Notre-Dame, qui a succédé aux droits et aux charges de La Madeleine, située sur son territoire, entre St-Jean et St-Martin.

66° JEAN PETITE, originaire de Melun, Avocat au Parlement, Chanoine d'Amayé, Official et Vicaire-Général de Mgr de Nesmond. Savant laborieux et modeste, magistrat aussi recommandable par sa fermeté que par ses lumières, il seconda puissamment son saint Evêque dans la réforme du Clergé ; il restaura la bibliothèque du Chapitre, détruite par les Protestants ; il la dota de 100 livres de rente, et lui fit don de plus de 1500 volumes. Son obit, fondé par lui en 1692, avait lieu le 15 mai de chaque année. C'est le dernier de l'ancien Obituaire. Au xviiie siècle, on le célébrait encore le 7 mai. M. Petite mourut en 1694, et fut inhumé en face de la chapelle Saint-Jean-Baptiste. On a rétabli son Epitaphe en 1832. M. G. Villers a publié dans le 2e volume des

Mémoires de la Société, une Notice pleine d'intérêt, sur ce vertueux ecclésiastique.

CHAPELLE DE SAINTE-CATHERINE ET DE TOUS-LES-SAINTS.

(H)

« En cette chapelle, sont deux chapelles ; l'une, fondée de Mme Ste-Catherine, dont le chapelain doit trois messes par sepmaine ; l'autre, en révérence de Toussaints, dont le chapelain doit une messe par sepmaine ; lesquelles deux sont en la donation du sepmainier. »

CHAPELLE DE S^T-VINCENT.

(*Ante fores magnæ sacristiæ.*)

(J)

Chapelle tournale, comme la précédente ; une messe par semaine ; plus tard cinq messes par an.

SACRISTIE.

(L)

Transept septentrional.

(N)

CHAPELLE DE St.-PIERRE (*ad fontes*) ; — **DE St.-PIERRE** (*in pontificalibus*) ; — **DE Ste.-TRINITÉ** ; — **DE St.-JÉROME** ; — **DE St-LÉONARD** ; — **DE St.-REGNOBERT** ; — **DE St.-MICHEL** (*in foro*) ; **DE St-EXUPÈRE** (*ad fontes*).

1° St-Pierre (*ad fontes*), chapelle *tournale*, sans autre revenu que les distributions ordinaires ; une messe par semaine, et une, le jour du patron.

2° St-Pierre (*in pontificalibus*), chapelle *tournale*, sans autre revenu que les gratifications épiscopales; une messe par an.

3° Sainte-Trinité, chapelle *élective*, dont le vocable fut changé en celui de St-Jérome, à la demande de Jourdain de Dampierre, Chanoine de Cartigny, le 12 octobre 1528 ; elle devait deux messes par semaine.

4° St-Regnobert, « de la fondation des Evêques. » C'est ainsi que l'origine de cette chapelle est indiquée dans un de nos manuscrits. « A cet autel, dit un autre manuscrit, y a une année fondée, laquelle se doit dire par quatre des prêtres habitués de céans, par quart; savoir, à chacun prêtre, une semaine par mois, et sur peine de 5 sols d'amende pour chacune messe, à payer par les défaillans de ce faire ».

5° St-Léonard, chapelle *tournale* ; 300 livres de revenu, fondée en 1308 par Guillaume BOVET, Evêque de Bayeux [1]; une messe par mois.

6° St-Michel, chapelle *élective*, située autrefois sur la place du marché, et dont on attribuait la fondation à St-Regnobert. Le titre fut transféré à la Cathédrale par Mgr de Nesmond, en 1698, et la chapelle fut démolie en 1737.

7° Il est encore question dans le Nécrologe d'un autel dédié à St-Exupère (*ad fontes*); on n'en trouve aucune trace dans les autres manuscrits.

Sépulture.

67° ROBERT FABRI, Chanoine, Curé de St-Pierre de

---

[1] Certains auteurs l'ont appelé BONNET, d'autres BOUVET. Le Nécrologe écrit BOUET (fol. 15) ; ce qui, par la substitution du V à l'U, nous permet de lire BOVET. J'ai préféré cette orthographe, parce qu'elle est conforme aux armes du personnage, sur lesquelles, au témoignage de M. Lambert, on voyait figurer un *Bœuf*.

Briqueville; Maitre-ès-Arts, Licencié en droit canon; il mourut en 1501. C'est ce que nous apprend l'épitaphe gravée sur sa tombe, que l'abbé Beziers a vue dans la chapelle Saint-Pierre, et qui occupe maintenant le milieu de la chapelle N.-D. Le chanoine y est représenté en habits sacerdotaux; on lit sur le listel : « *pro animâ ejus relictus memini, ut anima sua requiescat in pace;* » ce qui ferait supposer que cette inscription a été tracée par la main d'un frère ou d'un parent. On trouve en effet dans le Nécrologe deux autres Fabri; l'un Sous-Chantre, l'autre Chancelier. On célébrait l'obit de Robert le 13 septembre.

NEF.

Galerie septentrionale.

(w)

La première arcade de la nef, du côté du nord, au-dessous du transept, est fermée en avant par un mur percé de deux petites fenêtres. Dans le sens de sa hauteur, elle est coupée par une voûte, en deux parties à peu près égales, de manière à former une salle et une chambre. Au fond de la chambre, se trouve une grande fenêtre ogivale que l'on reconstruit à neuf. Cette restauration une fois terminée, on ouvrira l'arcade du côté de l'Eglise, au niveau de la voûte. De cette manière, l'Eglise se trouvera en possession d'une nouvelle chapelle, semblable à la suivante, et à laquelle on accédera également par un escalier. Un membre du Chapitre se propose d'orner à ses frais cette partie de l'édifice, qui n'a jamais été consacrée au culte. Du moins je puis affirmer, qu'entre le XIVe et le XVIIe siècle, aucun vocable n'y fut attaché. La chambre était occupée autrefois par un des officiers de l'Eglise ; la salle voûtée servait de caveau (¹).

CHAPELLE DE St-ANTONIN.

(P)

Située d'abord au-dessus du couloir qui aboutit à la cour d'Artenay, « *super viam per quam solebat ire D. Episcopus ad suum manerium* », la chapelle de St.-Antonin fut réunie plus tard à celle de St.-Pantaléon. Le chapelain était à la nomination du semainier ; sa charge fut réduite de deux messes à une messe par semaine.

CHAPELLE DE L'ANNONCIATION.

(R)

Chapelle tournale comme la précédente, fondée par Pierre de Levis, Evêque de Bayeux, vers l'an 1328. Elle devait une messe par mois, et une aux deux fêtes de l'Annonciation et de l'Assomption.

Sépulture.

68° JEAN-MICHEL BAGNOLS, Licencié en droit, originaire de Carpentras, pénitencier de l'Eglise de Bayeux, Chanoine d'Esquay, mort le 26 septembre 1680. L'année même de sa mort, il avait fondé, en même temps que son obit, une octave pour le soulagement des fidèles trépassés. Cette octave commençait le 2 novembre ; elle se composait de huit messes basses, qui devaient être célébrées à l'autel de la Vierge ; d'un obit, chanté au chœur le dernier jour ; et de huit sermons sur l'utilité de la Prière pour les Morts. Une somme de 1400 liv. avait été affectée à cette fondation, et, sur

---

(¹) Il existe au-dessous du sol un second caveau qui avait été converti en fosse d'aisance, et que l'on vient de restaurer.

le revenu qu'elle devait produire, 24 liv. étaient assignées au prédicateur. Michel Bagnols avait encore légué au Chapitre, par son testament, la somme d'argent nécessaire pour paver le chœur à neuf, en pavé dur « *duriori lapide* », jusqu'au pied des Angelots « *usque ad œneas angelorum effigies.*» Le chœur fut pavé en 1681, de pierres blanches et noires, conformément aux intentions du donateur, dont on célébrait l'obit le 25 septembre.

CHAPELLE DE SAINT-JEAN-L'ÉVANGÉLISTE.

(*In introitu librariæ*)

(T)

C'est ainsi que cette chapelle est désignée dans nos manuscrits. Elle communiquait en effet avec la Bibliothèque par une porte et un couloir, dont on voit encore la trace sur le mur extérieur. Elle avait été fondée en 1289 par Pierre de Benais, Evêque de Bayeux. Le chapelain était à la nomination du semainier. Il était tenu d'acquitter alternativement trois et quatre messes par semaine. Plus tard les charges diminuèrent avec les revenus.

Sépulture.

69° **MICHEL CAUVET**, Chanoine de St-Jean de Caen, mort en 1619; on célébrait son obit le 5 novembre.

CHAPELLE DE SAINT-MARTIN.

(v)

La chapelle de St-Martin fut bâtie et fondée en 1309, par Pierre de St-Pierre, Chanoine de Bayeux. Il y attacha, en qualité de chapelains, les huit Grands-Vicaires du Chœur. Il résulte de l'acte de fondation, que cette chapelle fut bâtie sur un terrain inoccupé, « *in plateâ vacuâ* » et qu'elle s'étendait depuis la chapelle Saint-Jean, qui lui est contigue à l'orient, jusqu'aux piliers du cloître, « *usque ad pilarios conclaustri nostri* » devant la porte du Chapitre. Pierre de St-Pierre déclare qu'il a fait cette fondation « pour le salut de son ame, et pour Guillaume de Flavacour, jadis archevêque de Rouen. » Il s'était fait peindre sur le mur de sa chapelle, du côté droit, avec les armes de sa famille. Il est probable qu'il y fut enterré; car on y plaçait le jour de son obit (22 mai), tout le luminaire de la Confrérie. Nos manuscrits ne s'expliquent pas sur les fondations de cette chapelle; nous y trouvons seulement que « les grands et petits vicaires y célèbrent et disent plusieurs messes tant hautes que basses, selon et en suivant les fondations cy devant à eux faites. »

Sépultures.

70° **JEAN HELYES**, né à Barbeville, en 1606, fonda son obit en 1659. Son Epitaphe, dont quelques mots sont encore lisibles, était ainsi conçue : « Icy repose le corps de noble et vénérable personne, Me Jean Helyes, prêtre, docteur de Sorbonne, Chancelier en cette Eglise, Promoteur de l'officialité de Bayeux, Syndic du clergé, Vicaire-Général de l'Evêché, Chanoine de céans, décédé le 1er d'aoust 1660. » On célébrait son obit le jour anniversaire de sa mort.

71° **GUILLAUME DELON** et **ROBERT DELON**, Haut-Vicaires. On célébrait leur obit le 18 mai. Guillaume Delon, mort en 1444, légua au Chapitre son bréviaire manuscrit que nous possédons encore à la Bibliothèque.

72° **THOMAS ROULLAND**, prêtre, Vicaire-Chapelain de la Cathédrale, mort en 1685. Il avait fondé en 1680 un service annuel pour le repos de l'âme des fidèles trépassés.

CHAPELLE DE St-PIERRE (*Ante fores Capituli*). — DE Ste-TRINITÉ ; — DE BONNE-NOUVELLE.

(Y)

Anciennement, le chapelain de St-PIERRE (devant le Chapitre) ([1]) était chargé de distribuer les aumônes de l'Evêque, qui lui abandonnait ses droits sur le moulin situé à la porte de la ville, et en présence duquel il célébrait la messe tous les jours. Au xviie siècle, le revenu du chapelain était réduit à 20 livres, et sa charge à une messe par mois ; il était nommé par le chanoine en semaine.

On trouve attaché au même autel, le vocable de Ste-TRINITÉ, chapelle *élective*, située primitivement dans le transept du même côté. — Une messe tous les dimanches, et les jours de fêtes, *de stallo altiori*.

Enfin, cette chapelle est beaucoup plus connue sous le nom de N.-D. BONNE-NOUVELLE. Le vocable de N.-D. est le seul qui lui soit attribué par le livre Pelut ; elle y est signalée comme étant de fondation récente. « *In Capellâ B. Mariœ, de novo fundatâ, ante fores Capituli, est unum beneficium.* »

Le rétable en pierre, monument curieux de la sculpture polychrôme, représente la Mère de Dieu entourée des emblêmes qui l'ont figurée, et des différents titres que lui a décernés la tradition Chrétienne. A l'exception de l'Arche et de la Cassolette, peintes sur le fond, tous les emblêmes sont en relief. Chacun d'eux est peint d'une couleur différente, et accompagné d'une légende qui l'explique, en le complétant de cette manière.

([1]) L'autel de cette chapelle est en face de la salle consacrée aux réunions Capitulaires.

EMBLÈMES.	LÉGENDES.
Une Echelle.	*Jacob.*
Le Soleil.	*Exoriens.*
Une Arche. La Porte orientale du temple.	*Domini.*
Un Bouquet de Roses.	*Sine Spinâ.*
Un Arbre chargé de fruits.	*Arbor Vitæ.*
Une Toison.	*Rore madens.*
Un Lis.	*Inter Spinas.*
Un Puits avec sa corde et sa poulie.	*Aquæ vivæ.*
Un Jardin fermé par une barrière.	*Voluptatis.*
Une Ville environnée de tours.	*Fundavit Altissimus.*
Une Cassolette d'où s'échappent des parfums.	*Thuris.*
Un Miroir.	*Sine Maculâ.*
Une Source jaillissante.	*Gratiarum.*
Une Tour.	*Davidis.*
Une Tige chargée de fleurs et de fruits.	*Jesse.*
La Lune.	*Luna plena.*
Une Étoile.	*Maris.*
Une Porte.	*Cœli.*

L'auteur semble avoir pris l'idée de plusieurs de ces emblèmes, dans le passage suivant du livre de St-Jérôme contre Jovinien. «HORTUS *conclusus,* FONS *signatus; de quo fonte ille fluvius manat juxta Joel, qui irrigat, etc.... Hæc est* PORTA *orientalis.... per quam Sol justitiæ et Pontifex noster ingreditur et egreditur.»* La toison de Gédéon qui se couvrit de rosée, quoique la terre fût demeurée sèche à l'entour, a été signalée par Saint-Bernard comme une figure du privilége accordé à Marie dans sa Conception. «*Sicut* LILIUM *inter*

SPINAS, *sic amica mea inter filias.* — *Sicut lux auroræ* ORIENTE SOLE *mane absque, nubibus rutilat.*—*Quasi* STELLA *matutinâ in medio nebulæ, et quasi* LUNA PLENA *in diebus suis lucet.*—*Odor vestimentorum tuorum sicut* ODOR THURIS.*»* Ces différents textes de la Sainte-Ecriture, dont on voit que l'artiste s'est inspiré, ont été appliqués par l'Eglise à la Ste-Vierge, pour exprimer l'exemption du péché originel, où les autres grâces particulières dont Marie fut l'objet. Nous trouvons encore dans l'office de la Conception cette allusion remarquable, dont le sculpteur a fait son profit. « *Rex Assyriorum* (le Démon), *non intrabit* CIVITATEM *hanc, et non jaciet ibi sagittam*» ; et ailleurs, «*Ipse fundavit eam Altissimus.*» Cómme l'Echelle de Jacob, dit St-Jean-de-Damas, Marie touche à la fois au ciel et à la terre ; car elle est le sanctuaire mystérieux dans lequel la nature divine est entrée en communication avec la nature humaine. Enfin, elle a vérifié la prédiction d'Isaïe, qui avait annoncé que la souche de Jessé serait féconde, et qu'il en sortirait une fleur sur laquelle se reposerait l'esprit de Dieu. «*Egredietur* VIRGA *de radice* JESSE, *et flos de radice ejus ascendet.* » Les autres emblêmes sont des invocations populaires, extraites des Litanies, et n'ont pas besoin d'interprétation. Au haut du tableau, que couronne la figure de Dieu le père, on lit ces paroles du Ps. 66 :«*Gloriosa dicta sunt de te civitas Dei.* » Les emblêmes sont encadrés par des personnages de l'Ancien Testament ; — à droite, Abraham, Elie, Isaïe ; — à gauche, David, Salomon, Achas.

Sous la tour du Nord.

CHAPELLE DE St.-CONTEST, St-COSME ET St.-DAMIEN; — DE St.-GILLES.

(Æ)

La première de ces chapelles, désignée par un triple vocable était à la nomination du semainier, elle devait cinquante-cinq messes par an.

La seconde, également *tournale*, avait deux chapelains; l'un (*Pro majori parte*), acquittait une messe la semaine; l'autre (*Pro minori parte*), acquittait une messe par mois. René Tessier, Chanoine d'Arry, dont nous avons déjà parlé, à l'occasion de la chapelle du Sépulcre, avait peint dans celle-ci, en 1636, le Crucifiement de Notre-Seigneur, et les quatre Patrons, auxquels elle était dédiée. On lisait autour de St-Cosme : « *Pestem ac vulnera sanat; dolores sopore demulcet.* » Ces fresques apparaissent encore çà-et-là sous le badigeon ; on a essayé de les en débarrasser, mais il paraît qu'on ne pourrait le faire, sans s'exposer à les détruire.

Les personnes dont le nom est consigné dans l'Obituaire, peuvent être partagées en deux classes. Les unes avaient à la Cathédrale leur Obit et leur Sépulture; les autres n'y avaient que leur Obit. J'ai à-peu-près épuisé la première catégorie. Si j'ai passé sous silence quelques noms obscurs, c'est parce que je n'ai pu les rattacher à aucun fait, ni à aucune date, ou parce que le lieu de la sépulture n'était pas suffisamment indiqué. Je dois cependant m'accuser d'avoir omis 1° **JEAN D'ARGOUGES**, Chanoine, inhumé entre le Chœur et la chapelle St-Thomas, et dont on célébrait l'obit le 3 juillet. Il se trouve dans la partie de l'obituaire rédigée au xvie siècle. 2° **GUILLAUME LE REBOURS**, Archidiacre de Caen, ancien Curé de St-Pierre de Caen, mort en 1738, et inhumé dans la chapelle St-Pierre (AD FONTES), dont il avait été le bienfaiteur. ([1]) La seconde catégorie, beaucoup plus longue que la première, ne présenterait pas le même intérêt. Il s'y trouve cependant quelques noms illustres, ou du moins appartenant à d'anciennes familles de notre pays, que je crois devoir citer en terminant.

5 Janvier.—ODON DE CONTEVILLE, Evêque de Bayeux, mort en 1097. « *Semper debet celebrari (obitus) hâc die, quâ expirasse signatur in ordinario.* »

9 Janvier.—ODON DE VILLETERRE, Doyen du Chapitre depuis 1226, jusqu'en 1237, bienfaiteur de la chapelle Notre-Dame.

22 Janvier. — SERLON, moine bénédictin de Cerisy, né à Vaubadon, abbé de Savigny en 1140, réunit son abbaye à l'ordre de Citeaux, et mourut saintement en 1158.

25 Janvier.—MATHILDE D'AUBIGNY.

28 Janvier. — BERTRAND DE CASTIGLIONE, Chantre de la Cathédrale, Chanoine de Bernesq, Cardinal de Plaisance, mort en 1443.

4 Février.—Obitus LUDOVICI, Phī magni Phī Regis franciæ. (*sic*) JEAN DE HANGEST, Evêque et Comte de Noyon, Pair de France, mort le 4 février 1577.

14 Février.—ADÉLAIDE DE VAUBADON.

([1]) Puisque j'en suis à faire amende honorable, je dois dire également qu'en relevant l'Epitaphe de JEAN DE BOISSAY, dont j'ai donné le *fac simile* page 47, j'ai écrit par inadvertance :

𝕰𝔫 𝔩𝔞𝔫 𝔪𝔦𝔩 𝔮𝔲𝔞𝔱𝔯𝔢 𝔠𝔢𝔫𝔰 𝔢𝔱 𝔡𝔬𝔲𝔷𝔢

au lieu de :

𝕰𝔫 𝔩𝔞𝔫 𝔪𝔦𝔩 𝔠𝔠𝔠𝔠 𝔢𝔱 𝔡𝔬𝔲𝔷𝔢.

6 Mars.—ROBERT DE HARCOURT, Évêque de Coutances, mort en 1315.

10 Mars.—HENRI Ier, Roi d'Angleterre, « *in favorem privilegii de libertatibus Ecclesiæ per eum concessi.* » Nous avons cité la Charte où est contenu ce privilége.

24 Mars.—MARTIN PINARD, originaire de Nonant, près de Bayeux, Secrétaire du Pape Eugène IV, Doyen de notre Chapitre en 1435, donna pour la fondation de son Obit 250 saluces d'or, et mourut Evêque d'Avranches en 1452.

27 Mars.—HEBERT DE CHARMONT, né à Bayeux ou aux environs, Doyen du Chapitre en 1240, fonda deux Obits, l'un pour lui-même, l'autre pour son frère Raoul, Evêque d'Angoulême, comme lui originaire de Bayeux; on célébrait le second le 3 décembre. Il donna pour cette fondation une somme d'argent, et plusieurs maisons qu'il possédait dans la paroisse St-Sauveur.

1er Avril.—Obitus JOANNÆ, ALIENORIS et YSABELLIS Reginarum.

3 Avril.—GUILLAUME BOVET, Evêque de Bayeux, mort en 1312 ; « *Cum toto luminari Quadrariæ ; ponitur in choro.* »

10 Avril.—HENRI DE TILLY, Archidiacre d'Hyesmes, Chanoine, et Seigneur de Tilly. Il se trouve dans la partie de l'Obituaire rédigée au XVIe siècle.

1er Mai.—GUILLAUME CHARTIER, Evêque de Paris. J'ai parlé en détail de ses fondations.

19 Juin.—GUILLAUME DE BAILLEUL, Doyen du Chapitre en 1444. Il était originaire des environs de Falaise. Maltraité par un capitaine de soldats anglais, dans le cimetière de Bayeux, il porta plainte à l'Echiquier de Nor-

mandie. Le capitaine fut condamné à faire amende honorable devant la porte de l'Eglise; après quoi, il reçut l'absolution du Grand-Vicaire de l'Evêque, le 26 octobre 1448. « *Prænominatus reus genibus flexis petiit veniam Deo, B. Virgini, Domino Bajocensi, et Decano læso, et toti Ecclesiæ ; quæ fuit sibi benignè concessa. Et deindè , præfatus Hebert petiit beneficium absolutionis , à dicto Vicario, quod ipse vicarius sibi impendit, in capellâ S Juliani ; injunctâ eidem pænâ salutari, secretâ, et etiam publicâ, quâ tenetur dare luminari Ecclesiæ Bajocensis viginti libras ceræ, modo et formâ per dictum vicarium ordinandis.* » (*Ex libro nigro, fol.* 138.)

23 Juin.—GUILLAUME ARONDEL, Chanoine.—Obituaire de 1586.

5 Août.—TOUSTAIN DE CONDÉ, Archevêque d'York, né à Condé-sur-Seulle, près de Bayeux, mort en 1140. — GUILLAUME DES ESSARTS , Chancelier.—Obituaire de 1586.

17 Août.—RICHARD DE St-AMAND , Doyen du Chapitre en 1205, fonda, comme nous l'avons dit plus haut , les douze Chapelains de Notre-Dame.

18 Août.— THOMAS, Cardinal du titre de Ste-Sabine. — AGNÈS DE MANNEVILLE. —Obit. de 1586.

12 Septembre.—GUILLAUME, Roi d'Angleterre et Duc de Normandie. « *Habet magnum candelabrum.* »

1er Octobre.—RAOUL ou RADULPHE, surnommé l'Angevin, du lieu de sa naissance ; Chanoine de Bayeux au xiiie siècle, rédigea sous l'Episcopat d'Odon de Lorris le Coutumier de la Cathédrale. On conserve à la Bibliothèque du Chapitre ce précieux Manuscrit.

26 Octobre. — GUILLAUME DE BEAUJEU, Evêque de Bayeux, mort en 1337.

28 novembre. — ROGER DE MONTGOMMERIL.

Le Nécrologe fait mention (folio 66) de HENRI et de RICHARD, Rois d'Angleterre. Il s'agit probablement de Henri II et de Richard *Cœur-de-Lion*, inhumés l'un et l'autre dans l'Eglise de Fontevrault. Leur Obit est indiqué pour le mois d'avril; cependant il ne se trouve pas dans le Calendrier. J'ai fait plus haut une remarque analogue au sujet de PHILIPPE DE HARCOURT, l'un des fondateurs de la Cathédrale. Je me suis assuré depuis, qu'on peut lui attribuer l'obit du 16 février. — PHILIPPI Episcopi. — *Est periculosus, et habet tres cereos.*

Je ne pousserai pas plus loin cette nomenclature, car, à force de vouloir être exact et complet, on devient ennuyeux. C'est ce qui a dû m'arriver plus d'une fois dans le cours de ce travail. Je regrette de n'avoir pu, malgré tous mes efforts, le rendre moins indigne de l'honneur que lui a fait la Société Académique en le publiant dans ses Mémoires.

J. LAFFETAY.

Bayeux, Typographie de St-Ange DUVANT.

Fragment de la pierre tumulaire de Roland et Antoine des Talents, dans la Cathédrale de Bayeux.

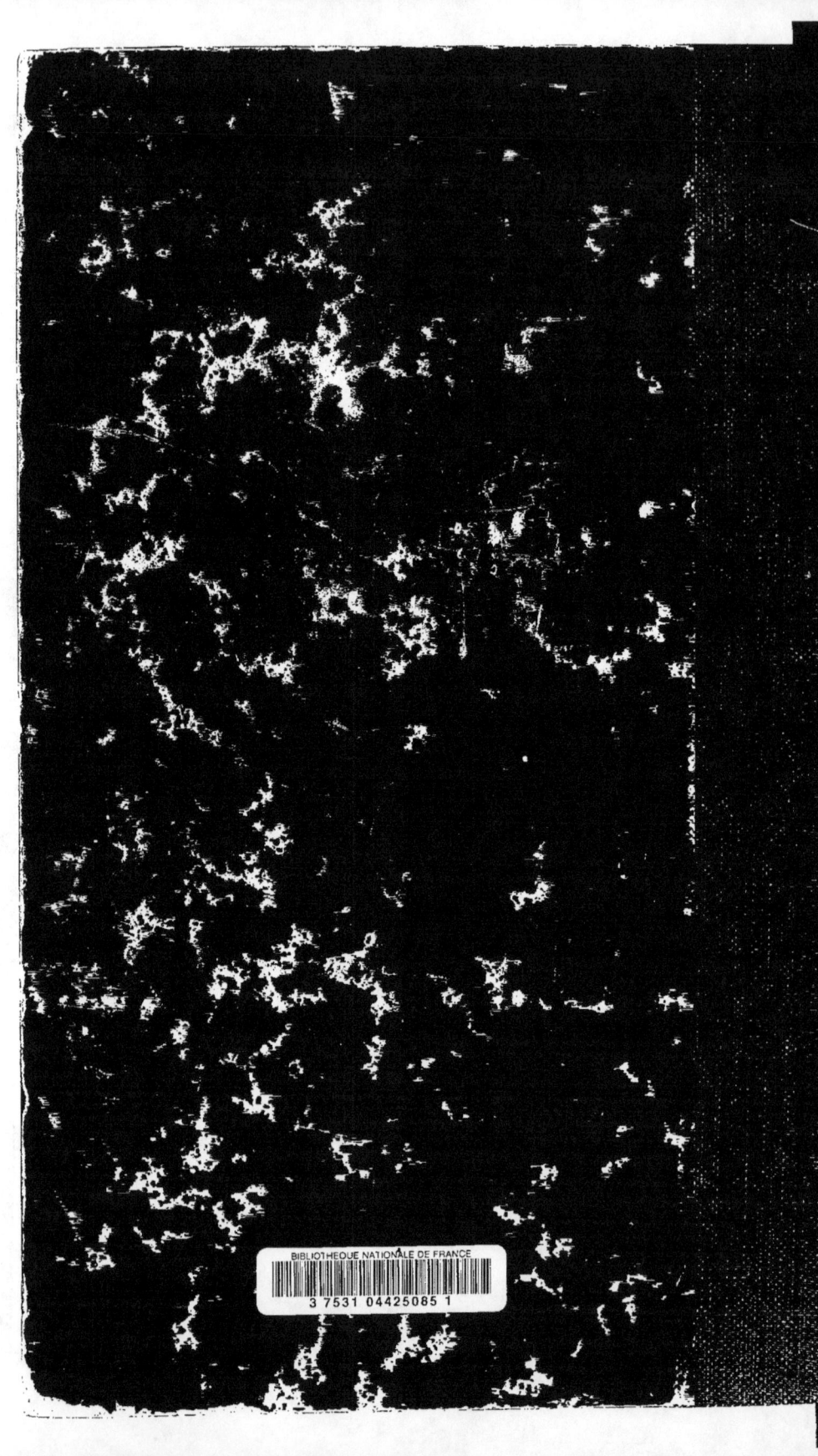

www.ingramcontent.com/pod-product-compliance
Lightning Source LLC
Chambersburg PA
CBHW070251100426
42743CB00011B/2227